Über den Autor:
Matthias Brien (Jg. 54) studierte in Marburg, Göttingen und Hildesheim. Er arbeitete lange als Designer, bevor man bei ihm das Asperger-Syndrom diagnostizierte. Seither informiert er aktiv in der Öffentlichkeit über das Asperger-Syndrom.

D1723606

Für alle, die mich kennen
und ganz besonders für Ruth ...

„Und dann spüre ich so eine Art unerträgliche Verantwortung. Mir ist dann so, als würde die Welt jeden
Moment zusammenbrechen, wenn ich keine Lust
mehr habe, mitzuspielen. Als würde sie mich nicht
halten können. Als gäbe es nichts, was mir Stabilität
geben könnte. Als sei ich gezwungen, die Welt jeden
Augenblick neu zu erfinden. Das sind dann ganz
schlimme Momente."

Herstellung und Verlag:
Books on Demand GmbH, Norderstedt
ISBN 978-3-8423-1258-6

2

„ich koche für dich"

Während meines Studiums gehörte ich zu einer Clique junger Leute, nicht alle waren Studenten. Wir trafen uns fast täglich und diskutierten. Zu den Themen gehörten auch unsere Konflikte. Jeder schätzte dies auf seine Weise. An alle kann ich mich nicht mehr erinnern, an einige jedoch noch lebhaft. Besonders an Ruth. Sie war damals 21, auf eine angenehme Weise intelligent und wirkte sehr sportlich. Als ich sie das erste Mal sah, hatte sie ein Dirndl an. Dies gefiel mir und vielleicht fiel sie mir auch schon deshalb besonders auf.

Einige von uns lebten in Wohngemeinschaften, andere in kleinen Wohnungen oder möblierten Zimmern. Vermutlich aus Platzgründen trafen wir uns meist in den Wohnungen und saßen dann in der Küche. Am Küchentisch sprachen wir über Religion oder Philosophie und über das Essen. Das war ein beliebtes Thema. Besonders das Mensaessen stand im Mittelpunkt und wurde kritisiert. Ich habe nie verstanden, warum die Diskussionen immer wieder neu entflammten. Für mich war es langweilig, denn da ich wenig Geld hatte, kam für mich sowieso nicht Qualität sondern nur das preiswerteste Essen in Frage – ein teures Menü konnte ich selten auswählen und am liebsten aß ich bei mir zu Hause.

An eben solchen Diskussionstag sprachen an meinem Küchentisch die Leute wieder einmal über die Sinneslust beim Essen. Jeder hatte schon irgendwann mal in einem Restaurant gegessen und gab nun seine Beobachtungen und Erfahrungen wieder. Warum es unbedingt ein Senf aus Sizilien sein musste, blieb mir unklar. Das Wort „Sizilien" löste in mir keine besondere Wertschätzung aus. „Kräuter aus der Provence" waren für mich mit den „Kräutern vom Balkon" gleichwertig.

Ich nahm an solchen Diskussionen nicht teil, ich wusste einfach nichts dazu zu sagen. Ich fand solche Gespräche sogar schlichtweg lästig und wenn sie hitzig wurden, dann bewirkten die lauten Stimmen und die schwirrenden Satzfragmente in mir chaotische Gefühle. Solche Gespräche ergaben für mich meist gar keinen Sinn. Bei mir gab es fast immer Kartoffeln mit Gemüse, was nicht so gerne gegessen wurde, wenn ich sie dazu einlud.

Also aß ich meist still für mich und versuchte mich auf die schönen klaren Anordnungen von Kartoffeln und Möhren auf meinem Teller zu konzentrieren. Ich hielt diese schönen Strukturen für den Ausdruck einer hohen Kultur und dachte, es würde bei allen festlichen Diners ebenfalls so schön aussehen. Einer von unendlich vielen Irrtümern, den ich erst Jahrzehnte später korrigieren konnte. Aber das ist eine andere Geschichte.

Kartoffeln und Möhren können jedenfalls damals wie heute ein schönes Bild auf meinem Teller ergeben. Für mich ein Bild von Klarheit und Ruhe.

So empfand ich es auch damals an meinem Küchentisch. Tief versunken in meinem Tellerbild hörte ich kaum etwas von dem, was um mich herum gesprochen wurde.

Plötzlich ruckelt es an meinem Arm. Unwillkürlich zucke ich zusammen. Ruth sitzt nämlich neben mir und schaut mich jetzt mit ihren großen Augen an. Ewald hat Ruth heute wieder mitgebracht, er hat sie irgendwo mal kennen gelernt und heute ist sie wieder bei uns, genau heute und hier an diesem Tisch, der in meiner Küche steht. Sie spielt mit einem ihrer beiden Zöpfen, hält den Kopf schief und dann sagt sie zu mir:

ich würde dich gerne mal zum Essen einladen ... für dich kochen ... ich koche so gerne ... was magst du denn so am liebsten?
wie bitte?
ja, möchtest du dich nicht mal beim Essen verwöhnen lassen? ... mit so was ganz Leckerem?
nein ...
huch! ... nein? Hast du denn kein Lieblingsessen?
nein ... wieso?
na, irgendwas, was dir besonders gut schmeckt ... das hat doch jeder ...
ja, stimmt ...
und? ... was schmeckt dir denn besonders gut? Ich würde das gerne mal für dich kochen ...
ja, ich weiß nicht so recht ... gar nicht so einfach ... mir schmeckt es meist gut, wenn jemand etwas extra für mich gekocht hat ...
was? Wie meinst du das?
so wie ich es gesagt habe ...
das glaube ich nicht ... egal, was jemand kocht?
eigentlich ja ...
auch wenn der dir dann was ganz Fürchterliches kocht?
nein, dann kocht er ja nicht wirklich für mich, sondern dann will er mich vielleicht provozieren ... oder ärgern. Wenn jemand für einen Anderen kocht, dann kocht er nichts Fürchterliches ... jedenfalls ist das

meine Erfahrung ... bisher.

und jetzt soll ich mir was ausdenken für dich ... na, du machst es einem auch ganz schön schwer ...

nein ... wieso?

ja, wenn ´s dir dann nicht schmeckt? ... dann habe ich mir die ganze Arbeit umsonst gemacht ... und dann bist du sicherlich auch noch enttäuscht ... also, ich weiß nicht ... ich weiß nicht, ob ich dazu Lust habe ...

ja, wir müssen das ja auch nicht machen, so ein Essen ist meist sowieso ganz schön verwirrend ... vielleicht können wir was anderes zusammen machen ...

ja, jetzt wird es aber ziemlich komisch ... wieso ist das für dich verwirrend, wenn dich jemand schön mit Essen verwöhnt ... das verstehe ich jetzt nicht ...

ist doch ganz einfach: die Leute kochen eben nicht wirklich ... sondern wollen eigentlich was ganz anderes ... und sprechen und handeln dabei in Rätseln ... ich finde das unbefriedigend ... wenn die Leute nur kochen würden, dann gäbe es eine Chance ...

eine Chance zu was?

die Leute zu fühlen ... das ist doch erst das Interessante.

wie bitte? ... du fühlst die Leute erst, wenn sie für dich kochen?

ja ... so ist es. Es muß nicht unbedingt Kochen sein, aber ... es funktioniert auch beim Kochen ...

und sonst? ... wenn sie mal nicht für dich kochen?

dann nicht ...

oh, hast du das bei allen oder nur bei mir?

**ja, das ist nicht nur bei dir so ... eigentlich
ist das bei allen Leuten so ...**

das heißt, du fühlst mich erst, wenn ich irgendwas in
bezug auf dich tue? ...

ja, so ungefähr ...

bin ich sonst „Luft" für dich?

das habe ich nicht gesagt ...

aber bestimmt gedacht ...

**nein, das habe ich nicht gemeint ... und
auch nicht gedacht ...**

und jetzt soll ich für dich kochen, ja?

**nein, das brauchst du nicht ... es war
bisher ja nur dein Vorschlag ...**

ich habe auch gar keine Lust mehr dazu ... das hättest
du mir auch anders sagen können ...

**wie denn? ... ich finde, ich habe es gut
verständlich ausgedrückt ...**

ja, das hast du ... ich hab ´s verstanden ... du magst
eben mich nicht ...

**das habe ich doch gar nicht gesagt ... ich
mag dich sogar sehr ...**

dann brauchst du mich doch nicht gleich so zu verarschen ...

bitte was? ...

und mir so ´n Quatsch erzählen ...

das ist kein Quatsch ...

doch, du bist mir ausgewichen ...

so?

du willst nicht, daß ich mal was für dich koche ...

so?

und deshalb sagst du mir nicht dein Lieblingsgericht
... und erzählst mir diesen Quatsch ...

daß ich bloß nicht noch mal frage ...

....

ich finde das ganz fies ...

ich habe keinen Quatsch erzählt ... es ist die Wahrheit ... es mag zwar komisch klingen, aber es ist so ... wenn es um das bloße Essen geht, dann kann ich auch Zuhause bleiben. Mir ist das zu wenig. Mal schmeckt eben das Essen in diese Richtung und dann wieder mal in eine andere Richtung ... was soll das schon. Meist ist mir das sowieso unklar, warum die Leute da so einen Wirbel drum machen und was daran so wichtig sein soll.

jetzt ich bin sauer ... jetzt weißt du es ...

ja, ach so ... aber das verstehe ich jetzt auch nicht ...

was jetzt ... ich bin sauer auf dich ... das ist doch wohl ganz einfach zu verstehen ...

ja, das habe ich jetzt auch kapiert ... aber ich weiß jetzt trotzdem nicht genau, was ich tun soll ...

du hast eben keine Ahnung ... das ist es ...

ja, das stimmt ... ich habe da keine Ahnung ... ich habe so wenig Ahnung von dir, weil für mich der Zugang zu dir im Augenblick so schwierig ist ... und nicht, weil ich keinen Zugang haben möchte ... ich bin an dir interessiert ... immer noch.

das merke ich nicht ...

du wolltest doch kochen ...

was?

ja, ich fände das toll.

Mann ! ... da waren wir schon ! ... ich denke, du willst das nicht ... und machst aus deinem Lieblingsgericht so ein Geheimnis ...

du, Ewald, Hartmut und ihr eigentlich alle redet gerne und ständig über euer Lieblingsessen, gutes Einkehren und Essengehen ... und ganz besonders über: Genießen und Bewundern. Das verstehe ich nicht. Wenn du für mich kochst, dann setzt du doch den Wunsch an die erste Stelle, daß du dich mir zeigen möchtest Denn wenn du für mich kochst, dann kann es doch möglich sein, daß ich ein paar Seiten an und in dir empfinden kann ... daß ich dich kennen lernen kann. Für mich ist das von größerer Bedeutung und Aspekte wie zum Beispiel Lieblingsessen oder Essengehen sind für mich dagegen belanglos ...

ach so ist das ... aber das ist für mich jetzt auch schwierig ... da kann ich jetzt gar nicht so spontan sein ... was meinst du denn damit, daß ich mich zeige? ... ich koche doch bloß ...

ja, dir mag das so erscheinen, als ob du bloß kochst ... die meisten, die ich kenne, nennen ihre Tätigkeit auch bloß kochen ... aber mit solchem Kochen kann ich nichts anfangen und das meine ich auch nicht. Für mich ist das entweder ein Aufwärmen, wenn man z.B. eine Tiefkühl-Pizza in den Ofen schiebt oder es ist ein Zusammenstellen von fertigen Eßwaren, wie z.B. Kuchen vom Bäcker oder den typischen Abendbrot-Tisch decken. All das hat für mich wenig Sinn.

und was macht für dich Sinn?

für mich macht es Sinn, wenn du wirklich kreativ kochst und wenn du sehr klar wirst ... und es in deinen Gefühlen und deinen Handlungen nicht so viele logische Widersprüche gibt ... dann wäre das eine Chance ...

magst du denn keine Pizza? ... oder war das jetzt nur ein Beispiel?

ich verstehe deine Frage und ich verstehe auch, daß sie ständig auftaucht. Aber letztendlich hat sie keine Bedeutung. Denn wenn wir beide etwas voneinander spüren wollen, dann wird es keine Fertig-Pizza geben. Egal wie gut sie uns auch schmecken würde. Es ist egal, ob sie uns gut schmeckt oder nicht ... es ist völlig e-gal. Wir würden uns auch eine fade Matsch-Pizza backen und sie köstlich finden, wenn bloß unser Tun uns einander fühlen ließe.

heißt das, daß du mit anderen niemals nur so zum Spaß essen würdest?

ja, das ist so ...

immer?

ja, immer ...

huch, das klingt aber ulkig. Das heißt, du weißt wirklich nicht, ob du eine Lieblingspizza hast, weil du immer darauf achten mußt, wie du den anderen irgendwie spüren kannst ... ist das so?

ja, genau.

das finde ich aber anstrengend ...

ja das ist auch anstrengend, sehr anstrengend. Deshalb weiß ich auch nicht, was an diesem ständigen Essengehen so toll sein

> soll, wenn man in diesem Krach und Hektik eines Lokals den Anderen völlig aus dem Sinn verliert.

aber dir könnte doch der Andere auch egal sein ... Hauptsache, es gibt was zu essen.

> ja, das klingt einfach, aber das, was du erzählst, ist hochkomplex. Dein Fazit: „Hauptsache, es gibt was zu essen" beruht auf einer ganz speziellen Einschätzung der Gesamtsituation. Aber dein Gastgeber könnte ja auch noch was anderes im Sinn haben und es gar nicht so gut finden, wenn du dich da einfach am Essen bedienst. Oder an das Essen sind noch andere Bedingungen geknüpft, die du aber nicht eingehen möchtest. Vielleicht wäre es dann sinnvoller, wenn du den Ort verlässt. Irgendwie habe ich den Eindruck, daß ihr euch da gar keine Gedanken macht. Aus diesem Grund mag es für dich einfach sein.

und für dich? ... wie ist es bei dir?

> vermutlich werde ich niemals herausfinden können, was so ein Gastgeber mit seinem Gastmahl für Wünsche an seine Gäste hegt. Und aus diesem Grund würde ich mich vermutlich öfter daneben benehmen und vielleicht die Leute verärgern. Nicht nur, daß das peinlich werden kann. Es gibt auch Situationen, die mich seelisch und auch wirtschaftlich ruinieren können.

kann man was dagegen machen? ich meine, irgendwas muß man doch da machen können. Irgendwie

11

finde ich die Vorstellung davon ganz schön schrecklich.

ja, natürlich kann man was dagegen machen: nämlich gar nicht erst hingehen.

och, das meinte ich jetzt aber nicht ...

ich weiß, aber es ist ganz ernst gemeint. Der beste Schutz besteht wirklich darin, einfach nicht mehr unter die Leute zu gehen, weil eigentlich fast alles, was die Welt bewegt, von Gefühlen und Absichten regiert wird und die Leute darüber nicht offen sprechen, so daß man es nicht leicht und eindeutig erkennen kann.

und nun?

ja, stimmt, was nun? ... ich weiß es nicht, keine Ahnung ...

aber ich! ... weißt du was?

nee ...

ich will für dich kochen ... doch, ich mache das jetzt ... mehr nicht, keine Hintergedanken ...

ja?

ja! ... und zwar jetzt!
Kommst du mit? Ich will gleich zum Markt. Los zieh dich an, ich will dir zeigen, was ich dafür alles einkaufe ...

ja ... ja, mache ich ... mich interessiert allerdings nicht so sehr, was du einkaufst.

also doch nicht ...

halt! ... nicht gleich mißverstehen. Mich interessiert es schon, was du einkaufst, aber am allermeisten möchte ich dich erleben, <u>wie</u> du einkaufst ... also wie du es machst. Das könnte ich dann an dir beobachten.

so? ... ich mache das aber wie alle anderen auch ...
oder?

> ja, dir mag das so erscheinen, aber für
> mich kauft jeder Mensch anders ein. Die
> Art wie er es tut, ist recht spezifisch. Z.B.
> seine Art von der eigenen Wichtigkeit,
> welche Sorgfalt er dabei übt und natür-
> lich auch, wie er sich selbst als Einkau-
> fender darstellt. Das alles kann ich gut
> beobachten ...

und dann?

> je genauer man beobachten kann, um so
> stärker spürt man Empfindungen dazu.
> Und am allerbesten funktioniert es, wenn
> die Handlungen sogar irgendwas mit
> meiner Person zu tun haben. Wie z.B.
> dein Einkaufen jetzt. Dann möchte ich zu
> gerne erleben, wie du das machst, wie du
> für dein Vorhaben einkaufst. Wie du da-
> bei bist ... wie du dich dabei anfühlst ...
> wie du dich anfühlst, wenn du wirklich
> einkaufst, weil du für mich kochen willst,
> verstehst du das?

ich weiß nicht ... aber vielleicht verstehe ich dich
besser, wenn wir das einfach machen ... los, ziehen
wir uns an ...heute ist Markt und da möchte ich gerne
hin ... und dann zeige ich dir mal, wie ich auf dem
Markt einkaufe ... wie ich auf dem Markt einkaufe,
wenn ich für dich kochen will ... okay?

> ja, perfekt ... jetzt bin ich wirklich neu-
> gierig ... aber: <u>du</u> kaufst ein ... nicht ich ...

das heißt jetzt was?

> ich bin nicht deine Freundin ... so mit
> Tratschen und Kaffee-Trinken ...

aber?

> wir beide haben jetzt etwas anderes vor.
> Für mich geht es erst mal um das Fühlen
> von Empfindungen, um das Fühlen von
> dir ... für mich ist dein Einkauf eine Ein-
> ladung, dich zu spüren ... um damit auch
> ein wenig sicherer im Umgang mit dir zu
> sein. Für dich mag es vielleicht langweilig
> ausschauen, aber das ist es für mich nicht.
> Für mich ist das wahnsinnig interessant.
> Es ist nicht das gewohnte Bild, über das
> alle sprechen ... und das kann durchaus
> ziemlich aufregend sein.

darf ich jetzt auch neugierig sein?

> ja klar, aber nicht auf so einen typischen
> Einkauf und einem tollen Cafe-Besuch
> mit mir ... das mag ich nicht ...

sondern?

> keine Ahnung ... hast du ausreichend
> Geld mit? ... sonst habe ich auch welches
> ... wollen wir los?

ja klar ...

> ok, wie spürst du dich an, wenn du die
> bist, die einkauft, weil sie für mich kochen
> will?

keine Ahnung ... laß uns los ... kommt ihr auch mit?
Ich will auf dem Markt einkaufen.

Aber Ewald und Hartmut schütteln mit dem Kopf.
Sie wollen gleich zur Uni. Wir ziehen uns alle unsere
Jacken an und dann hört man auch schon die Tür ins
Schloß fallen und wir gehen los. Es ist nicht weit bis
zum Markt. Ewald und Hartmut biegen ab, wir win-
ken. Bei dem strahlenden Sonnenschein sind viele

Leute unterwegs. Meist sind es Leute in Eile. Das merkt man besonders an ihrem ununterbrochenen Gehen. Wie auf einer Ameisenstraße strömt es auf dem Bürgersteig, vor mir zieht und hinter mir drückt die Menschenmenge und ich frage mich, ob das vielleicht nur deswegen sei, weil heute Samstag ist und ob nun sämtliche Häuser menschenleer seien.
Plötzlich bleiben wir ruckartig stehen und zwei Augen beobachten mich.

hey ... schau mal, ist dir an mir nichts aufgefallen?
  was?
fällt dir nichts auf?
  nein ...
dann schau doch noch mal hin ...

Ich schaue hin, gehe systematisch alle Attribute der mir gegenüberstehenden Person durch: Schuhe, Strümpfe, Rock, Make-Up, Frisur, Schmuck. Hat sie vielleicht ihre Handtasche verloren? Mir fällt nichts ein, was vorher anders gewesen sein könnte. Aber was heißt vorher? Gestern oder Vorgestern? Oder eben? Soll mir was auffallen? Oder muß mir vielleicht was auffallen?. Ich fühle mich ratlos.

schau doch mal genau hin!
  ich schaue ja genau hin, aber mir fällt nichts auf ...
oh mein Gott, du bist wie alle Männer!
  hast du deine Handtasche dabei?
habe ich was?
  entschuldige ... du meinst sicherlich was ganz anderes ...
jawohl, das tue ich ...

**und ich kann es einfach nicht erraten.
Vielleicht gibst du mir noch einen Tipp.**

ach, du bist überhaupt nicht romantisch ...

doch, das bin ich, sehr sogar.

so? ... ich finde dich eher stoffelig! Wie kommst du
denn bloß auf Handtasche? Oder ist das mal wieder
einer von deinen doofen Späßen?

**nein, ich habe ganz ehrlich nach Auffäl-
ligkeiten gesucht ... und im ersten Moment dachte ich, du hättest vielleicht deine Handtasche verloren. Und das wollte
ich dann sagen.**

oh Gott bist du stur ... ich bin gerade romantisch
drauf, ist das so schwer zu verstehen?

**jeder versteht dich besser, wenn du ganz
offen sagst, daß es für dich gerade romantisch ist ... das wäre auch für mich leichter ...**

ich habe das ja ganz offen gezeigt, aber du hast ja auf
stur geschaltet ... und jetzt kuck mich nicht so an ...

**ja, ok ... dann schaue ich eben mal dort-
hin ... oder nach da ...**

sag mal, kann das sein, daß du gar keine Lust hast,
mit mir auf den Markt zu gehen? Und du jetzt bloß
nach einer Ausrede suchst, um unser gemeinsames
Einkaufen abzubrechen? Ich meine, dann könntest du
ja selber auch mal so offen sein und es einfach sagen.
Dann sparen wir uns den ganzen Umstand hier.

**nein, so ist es nicht. Ich habe schon Lust
mit dir auf den Markt zu gehen und dich
dabei zu erleben, wie du dich anfühlst,
wenn du die bist, die einkauft, um für
mich zu kochen.**

noch komplizierter geht es wohl nicht, oder?

**kompliziert? ich finde das ganz einfach.
Du möchtest für mich kochen und hast
nicht alles vorrätig, was du ...**

hör auf! ... das ist ja wie Bregen-Panne! Ich weiß
selber, was ich auf dem Markt will.

Wir schauen uns beide lange an, um uns herum wir-
beln Leute geschäftig umher. Die Sonne sticht etwas.
Lange Augenblicke vergehen.

sag doch mal was ...
 was denn?
was Nettes ...
 **was Nettes? ... auf was denn bezogen?
 So allgemein jetzt?**
ach laß es!
 **ich möchte trotzdem was sagen ...
 oder besser fragen ...**
was denn?
 **arbeitest du irgendwo? Ich meine, mußt
 du da nicht irgendwie hin?**
ich habe Urlaub ... wolltest du das wissen?
 **ja, danke. Ich würde dann jetzt gerne
 weitergehen. Der Markt wird immer vol-
 ler und das lärmt dann so.**
aber das ist doch schön ... vielleicht treffen wir auch
noch jemanden. Also ich finde das immer sehr schön.
Letzten Samstag habe ich Beate getroffen, dann sind
wir nachher ins Cafe und weißt du, wer da saß?
 nein ...
Sigrid mit ihrem neuen Bernd. Und dann haben wir
wunderbar geklönt, war richtig schön.
 ich möchte weiter!
ja, können wir auch ...

Und dann gehen wir weiter. Der Markt erstreckt sich über die gesamte Fußgängerzone der Stadt. Er immer recht gut besucht, besonders bei so gutem Wetter wie heute. Gleich am ersten Stand bleibt sie stehen: „Sind die frisch?" höre ich sie fragen „Alles von heute morgen!" kommt auch schon die Antwort, „was soll's denn sein?"

hey, Matthias ... magst du Topinambur?
> **was ?**

kuck mal, ganz frisch ... wollen wir die mitnehmen ?
> **ja, das weiß ich jetzt nicht.**

wenn du die nicht magst, sag es gleich ... ich kaufe nichts, was ich hinterher wegschmeißen muß. Also sag es gleich.
> **ich weiß das jetzt nicht so recht, ob ich die mag. Habe mir darüber noch keine Gedanken gemacht. Soll ich das jetzt tun?**

nein, habe dich auch so verstanden. Wie sieht es mit Möhren aus?
> **geh mit mir doch jetzt nicht das ganze Angebot durch. <u>Du</u> wolltest ja einkaufen und dann tue das bitte.**

ich habe dich bloß was gefragt. Okay, dann nehme ich die Topinambur, aber wehe, du mäkelst später daran rum.
> **das werde ich bestimmt nicht tun, jedenfalls nicht an der Tatsache, daß du Topinambur gekauft hast.**

Sie nimmt ein paar Knollen und gibt sie dem Verkäufer. „Und dann noch ein Kilo von den Kartoffeln, bitte." Der Verkäufer wühlt mit bloßen Händen in den sandigen Kartoffeln. Seine Hände sind ebenso grau wie die Kartoffeln. Nachdem er sie in einer weißen Plastiktüte verstaut und ausgewogen hat, tönt er: „Noch was?" Ruth lehnt sich weit in die Auslage und greift nach etwas Grünem, ihre helle Hand läßt das Grün ins Grau fallen. Von dort wandert es über verschiedene Stationen in ein Weiß.

Irgend jemand schiebt mich unablässig von der Seite her an und ich mache eine Bewegung nach rechts. Ein sehr großes Dunkelblau schiebt sich an die bunte Auslage. Die helle Ruth ist nicht mehr zu sehen und ich fühle mich plötzlich leer. Sofort nehmen die Geräusche zu und um mich herum entsteht ein lautes wirres Durcheinander. Es dröhnt sogar. Einen kurzen Augenblick weiß ich nicht mehr, warum ich hier eigentlich stehe und warum ich nicht einfach nach Hause gehe. Hastig trete ich von der Auslage zurück und gehe ein paar Schritte. Dann warte ich. Ich muß überlegen, was nun zu tun ist.

ach hier bist du noch. Wieso stehst du hier rum, ich bin schon längst bei einem anderen Stand. Hast du keine Lust mehr?

> **doch ... ja ... irgendwie warst du plötzlich weg. Einfach so.**

ich war nicht plötzlich weg, sondern bin einfach zum nächsten Stand gegangen. Du hast mich ja auch die ganze Zeit angeschaut ... daher habe ich nichts gesagt. Hast ja gesehen, daß ich weiter gegangen bin.

> **nein, hab` ich nicht. Für mich warst du weg. Und das ganz plötzlich.**

du hast mich doch die ganze Zeit angestarrt. Also so plötzlich kann es ja nun nicht gewesen sein. Und als ich mich am anderen Stand nach dir umgeschaut habe, hast du immer noch so geschaut und ich dachte, wieso glotzt der so und kommt nicht rüber.

ja, entschuldige. Ich glaube, da war ich zu sehr mit mir selbst beschäftigt.

ist das so, wenn du so starrst?

ich glaube ja.

du siehst jedenfalls dabei nicht gerade toll aus. Das ist gar nicht so gut, oder?

nee, eigentlich nicht ...

kannst du das nicht ganz einfach mal lassen?

nee, ich wüßte jetzt nicht wie ... ich müßte mich dann von Anfang an den ganzen Weg darauf konzentrieren, daß ich auf jeden Fall nicht starre.

das klingt ja nach Streß. Geht das nicht einfacher? Oder könnte ich da was für dich tun?

ja, das hast du ja gemacht. Du hast mich angesprochen. Das ist schon sehr hilfreich.

hier gibt es das beste Obst, finde ich ... ich liebe diese Äpfel ... ich hoffe, du magst sie so gerne wie ich.

ja, kann sein ...

Ruth ruft schnell zur Verkäuferin: „Sind die Äpfel aus dem „Alten Land"?" „Ja, mein Deern," antwortet sie freundlich. Und dann greift Ruth vorsichtig ein paar Äpfel heraus, ihre hellen Hände verschmelzen ein wenig mit dem zarten Grün-Gelb der Äpfel. Feste glatte Oberflächen. Es duftet nach einer Wiese im Sommer und irgendwo hoch oben am Himmel höre ich einen Bussard rufen. Ein warmer Wind kommt auf und spielt mit ihrem kurzen Kleid.

Eine Reihe von wunderschönen Momente nehmen mich mit.

Auf einmal dreht Ruth ihren Kopf ein wenig zur Seite, ihr Mund ist halbgeöffnet. Sie lächelt und ich finde sie schön.

Sie packt die verschiedenen Tüten in ihre große Tasche und reicht sie mir. Ich weiß, daß das heißt, daß ich sie tragen soll, was ich auch gerne tue.

„Die sind nicht ganz billig, aber ganz besonders lecker," klärt sie mich im Gehen auf, „magst du jetzt einen essen?"

eigentlich nein, danke.

warum nicht? Nimm doch einen.

ich kann schlecht was zwischendurch essen, klingt vielleicht doof, aber das lenkt mich meist zu sehr ab.

aber das schmeckt doch gut ... und ganz besonders jetzt hier auf dem Markt. Aber du mußt nicht, wenn du nicht willst.

weißt du, das war eben sehr schön, als du die Äpfel gekauft hast. Mir war sogar so, als hätte ich einen Bussard gehört. Ich fand dich sehr attraktiv. Du hast ein sehr schönes Kleid an.

oh, danke ... aber das Kleid habe ich öfter an. Ist dir wohl heute das erste Mal aufgefallen, oder? Aber trotzdem danke.

ja, das Kleid kenne ich an dir. Den Zeitpunkt, wo ich es zuerst bemerkte, meinte ich auch nicht. Aber ich habe es heute als „schön" empfunden. Das ist für mich das Besondere. Das Kleid selber kenne ich schon an dir, aber heute war es zusätzlich auch noch schön.

oh Gott, schon wieder so was Kompliziertes ...

warum ist das denn für dich kompliziert?

kannst du nicht einmal das Denken abschalten. Ich habe mir doch nicht ein neutrales Kleid gekauft und dann gewartet, bis es auch zufällig auch mal schön wird und dann wieder nicht. Ich habe mir letzte Woche ein schönes Kleid gekauft. Mir gefiel es einfach. Ich wollte es einfach haben.

das ist für mich unterschiedlich. Für mich gibt es einmal das Kleid und dann noch eine Situation, die das Kleid „schön" macht. Und eben war so eine.

und jetzt ist das Kleid nicht mehr schön und ich sehe aus wie eine Schlampe?

das habe ich nicht gesagt. Das habe ich überhaupt nicht gesagt.

na, indirekt aber schon!

nein, auch indirekt wollte ich das nicht sagen. Ich wollte dir sagen, daß ich es als sehr schön empfunden habe, wie du am Obststand die Äpfel gekauft hast. Die vielen verschiedenen Dinge fingen an, zueinander zu passen und das war unglaublich schön. Da war dann z.B. auch dieser Wind, der dein Kleid so zart um deinen runden Po flattern ließ, daß sah für mich sehr schön aus.

meinst du damit meinen dicken Po?

wieso dicken Po? ... ich meine deinen runden Po, du hast doch einen runden Po!

ein runder Po ist ein dicker Po!

so?

findest du mich zu dick?

nein, wieso?

22

mal ganz ehrlich ... kannst es mir ruhig sagen. Ich weiß, daß ich ein paar Kilos zuviel drauf habe. Bin eben auch kein Kind mehr ...

ich fand das sehr schön ... und auch erotisch, wie der Wind dein Kleid um deinen runden Po wirbelte. Das hat mit dick oder dünn nichts zu tun gehabt. Das war mir gar nicht im Sinn. Es wäre auch gar nicht wichtig gewesen.

so? ... was ist denn dann für dich wichtig? Ein großer Busen vielleicht?

nein ... auch das nicht ...

eigentlich stehen alle Männer auf großen Busen ... du doch auch.

Mensch Ruth, mir ist etwas ganz anderes widerfahren. Etwas, was viel wichtiger ist als Po und Busen. Ich habe keine Lust mehr so darüber zu sprechen.

was war denn eben so wichtig? Bei mir kippt die Stimmung schon wieder, dabei war ich eben noch so gut drauf. Bis du das dann mit dem „runden Po" gesagt hast, so etwas sagt man einer Frau nicht.

wenn ich „rund" sage, dann meine ich „rund" im Gegensatz zu „eckig" und meine damit nicht synonym „dick", klar? Ich habe vielleicht das falsche Wort gewählt, aber ich habe nicht inhaltlich was Falsches gesagt.

ja, okay. Entschuldige. Ich bin eben so temperamentvoll ... was wolltest du mir denn eben sagen? Sag es noch mal, ich höre jetzt besser zu.

als du am Apfelstand warst, spürte ich ein wenig vom Zusammenhalt der Welt. Das war für mich sehr entspannend. Ich weiß

nicht, wie das passiert. Aber nach meiner Erfahrung hat das viel mit dir zu tun, daß das passiert. Es ist eine ganz bestimmte Art, wie du deine Welt entstehen läßt und mich da mit hinein nimmst. Näheres kann ich nicht bestimmen. Und eben war es für einen ganz kurzen Augenblick wieder so. Und es war wunderschön. Darüber wollte ich dir berichten. Und nicht, ob du vielleicht abnehmen solltest.

huch, darauf wäre ich nicht gekommen. Dann fandest du mich also auch schön?

ja, wirklich ...

dich kann man aber auch ganz leicht mißverstehen. Vielleicht solltest du das mal ändern. Das wäre für alle besser, ganz besonders für dich ...

hab ich schon probiert, hat aber nicht geklappt ... ich glaube, ich weiß gar nicht wie ich das machen soll ... irgendwie habe ich so das Gefühl, als ob ich häufig ganz andere Dinge betone als du oder die Anderen. Das war schon in der Schule so und eigentlich schon immer. Ich weiß nicht, was ich da falsch mache.

Jetzt sind wir schon wieder so ernst. Dabei wollte ich heute so fröhlich sein ... und heute mit dir auf den Markt gehen.

ja, stimmt. Du wolltest mich fühlen lassen, wie du bist, wenn du die bist, die auf dem Markt einkauft, weil sie für mich kochen möchte.

ich glaube, mir ist dieser Satz immer noch nicht ganz klar, aber vielleicht verstehe ich ihn bald besser.

Gerade als wir weitergehen wollten, kreischt plötzlich eine junge Frau los und kommt auf uns zugelaufen: „Hallo Ruth ... toll, daß ich dich hier treffe ... so lange nicht mehr gesehen ... laß dich drücken!" Sie umarmt Ruth „Ist das dein Freund?" Sie ergreift mich und drückt mich fest an sich. Unwillkürlich zucke ich und meine Bauchdecke krampft. Eine Wolke von stechendem Geruch umwirbelt mich, es klingelt in meinen Ohren und ich weiß nicht wohin mit mir, mit meinen Händen und der halbvollen Tasche mit dem Obst und dem Gemüse. Bevor ich mich entscheiden kann, läßt sie mich schon los.

Eigentlich will ich ihr das jetzt erklären, warum ich so ungelenk war, aber sie hat sich schon von mir abgewendet und ist Ruth zugewandt.

Mein Arm wird müde und ich stelle die schwere Tasche ab. Sie hat langes dunkelbraunes Haar und hinten ist es unten in 5 Stufen geschnitten, ungefähr 3cm pro Stufe, so daß es in den unteren 20 cm sich ganz interessant aufkräuselt. „Sie wäscht es bestimmt jeden Tag", geht es mir durch den Kopf, „und dann fönt und kämmt sie es sicherlich noch eine Viertelstunde lang, das sind im Jahr mindestens eine ganze Arbeitswoche allein für die Haare." Während die beiden laut und lachend reden, nimmt mich meine mathematische Zeitberechnung ganz in Anspruch.

„Wollen wir ins Cafe gehen? ... Conny will dort noch Martin treffen, da können wir doch mitgehen, oder?
   ins Cafe?
ja klar, aber nicht hier, wo die Omas hingehen. Laßt uns doch ins „Paradiso" gehen, da ist der Kaffee superklasse.
   und der Markt?

das machen wir dann hinterher, falls noch was fehlt. Ich habe zuhause auch noch was zum Kochen. Los komm mit.

ich weiß nicht so recht ...

du kennst doch Conny und Martin noch gar nicht ... bist du denn nicht bischen neugierig?

eigentlich nicht!

na, dann gib ihnen doch eine Chance ...

ist das weit?

vielleicht 15 Minuten, aber dafür liegt es traumhaft schön. Da wo früher mal der alte Bahnhof war, da ist jetzt alles umgebaut. Da trifft sich jetzt die richtige Szene.

Irgendwie habe ich mich von Ruth überreden lassen und nun gehen wir los. Fast am Ende der Fußgängerzone steht noch ein Fischstand, der meine Aufmerksamkeit anzieht. Automatisch bleibe ich vor der Auslage stehen und schaue.

„Bitte schön!" sagt schon der Verkäufer und nimmt schon mal ein Papier in die eine und eine Gabel in die andere Hand.

„Was ist das für ein Fisch", frage ich und zeige auf ein Filetstück. „Das ist Bart-Fisch. Wollen Sie den ganz oder als Filet? Ich habe den auch ganz da. Ich meine, was wollen Sie denn damit machen?" Ich fange an, darüber nachzudenken, aber ich finde keine Antwort. Schließlich wollte Ruth ja kochen und wenn ich jetzt Fisch kaufe, dann haben wir doppelt Essen. Aber wenn sie jetzt nicht kochen wird, dann hätten wir wenigstens Fisch. Ja, was könnte ich denn mit dem Bart-Fisch machen? Ich überlege weiter, aber mir fällt nichts ein.

Der Verkäufer hat schon ein Filetstück aufgegabelt und in das Papier gelegt: „Der ist heute im Angebot ... pro Person müssen sie mit 300 Gramm rechnen. Wie viele sind Sie denn zuhause?" „Zwei", sage ich und schon liegen vier Filetstücke im Papier nebeneinander auf der Waage. „Den brauchen Sie nur dünsten, dann ist der wie Butter ... wirklich wie Butter," fährt der Verkäufer fort ohne Aufzublicken. Er packt geschickt das Papier zu einem kleinen Paket zusammen und greift nach den weißen Plastiktüten.

Plötzlich ruckelt es an meinem Arm. Ruth hat ein ernstes Gesicht: „Ich mag keinen Fisch!" ruft sie dem Verkäufer streng zu und dann zu mir: „so nun komm!" Sie zieht mich am Arm vom Fischwagen weg und beschleunigt ihren Gang.

wieso kommst du bloß auf die Idee, beim diesem Fischwagen einzukaufen?

ich wollte da nichts einkaufen ...

so? ... der hatte doch für dich schon diesen ekeligen Fisch abgewogen ...

ja, das stimmt. Allerdings weiß ich auch nicht, wieso er das machte.

na, bestimmt weil du den Fisch haben wolltest. Gut, daß ich dazwischen gegangen bin. Ich kann auch diesen blöden Kerl nicht ab.

ich wollte da keinen Fisch kaufen. Ich habe bloß gefragt, was das für ein Fisch sei, mehr nicht.

und dann hat er dir von diesem ekligen Fisch gleich welche eingepackt, ja? Das glaubst du doch wohl selber nicht.

so war es aber!

aber du hättest ihm dann später auch noch Geld dafür
gegeben, ja?
  vielleicht ... das heißt, eigentlich ja ...
mein Gott, bist du naiv ... da konnte man ja noch vom
Glück reden, daß ich das beendet habe.
  ja, stimmt.
stellst dich an wie ein Trottel. Der wollte doch bloß
verkaufen ... und dir nicht deine komischen Fragen
beantworten.

Eigentlich sollte es heute schon ein schöner sonniger
Tag werden, aber irgendwie habe ich den Eindruck,
viel dummes Zeug gemacht zu haben.. Ich würde es
verstehen, wenn Ruth ihren Weg ohne mich fortfüh-
ren wollte. Ich bestaune leise ihre Ausdauer und ihre
Geduld mir gegenüber. Mir wird dabei richtig warm
und in diesem schönen Gefühl gehe ich weiter.

hast du irgendwas?
  nein, wieso?
du sagst ja gar nichts. Hat dir das nicht gepaßt, daß
ich deinen blöden Fischkauf gestoppt habe?
  nein, ich fand das sogar gut.
davon habe ich aber nichts gemerkt. Wie kannst du
auch bloß. Das verstehe ich nicht.
  können wir mal das Thema wechseln?
  Warum latschen wir jetzt eigentlich ins
  Cafe? Du wolltest doch eigentlich einkau-
  fen. Und jetzt gehen wir so weit, nur um
  in dieses Cafe zu kommen. Kaffee können
  wir doch auch zu hause trinken.
aber nicht in so einer Atmosphäre und auch nicht mit
Conny und Martin zusammen.
  ja, das stimmt...

Ich kann aber weder was mit der Atmosphäre, noch was mit Conny und Martin anfangen. Für mich bedeutet das jetzt Streß, weil es mich überaus anstrengt, dort nicht in blöde Zustände zu fallen, weil ich dort nicht das tun kann, was ich tue, wenn mich Chaos bedroht.

so? ... da bedroht dich doch keiner. Das sind alles liebe nette Leute. Wieso soll dich da einer bedrohen? Das verstehe ich nicht. Sollen wir umkehren? Willst du das?

ich weiß es nicht, ich bin mir unsicher ...

was würdest du denn tun, wenn du sicher wärest?

wenn ich sicher wäre, daß ich keine Hilfe zu erwarten hätte, dann würde ich sofort umkehren. Wenn ich dagegen sicher wäre, daß ich dort irgendwas tun kann, dann würde ich mit ins Cafe kommen. Das läßt sich einfach erklären, aber zu entscheiden ist das sehr schwierig.

probiere doch aus. Dann weißt du doch, ob du Hilfe bekommst oder ob es für dich interessant wird.

ja, das klingt gut. In der Praxis hieße das aber, daß ich alles auf eine Karte setze und zudem auch nicht ausreichend prüfen kann, ob diese Karte überhaupt eine Chance hat, zu gewinnen.
Nein, ich probiere das nicht aus. Um das zu entscheiden, brauche ich schon klare Fakten.

das klingt irgendwie nach existentieller Not. So schlimm kann doch ein Cafebesuch nicht sein, oder?

die Not ist nicht unmittelbar. Die Situation im Cafe kann aber zu einer solchen

Not eskalieren. Das sind bei mir nicht nur Befürchtungen, sondern Erfahrungen. Es wäre daher von mir töricht, eine solche Not leichtsinnig herauszufordern.

damit machst du mir jetzt ein blödes Gefühl. Wie soll ich mich denn jetzt verhalten? Ich will bloß ins Cafe, will dich doch nicht in Not bringen. Was soll ich denn jetzt machen?

ja, doofe Situation. Von denen habe ich Hunderte am Tag, so sieht mein Alltag eben aus. Du brauchst dir da nicht zu viele Gedanken zu machen, ich sorge schon für mich. Ja, doofe Situation jetzt. Ich weiß jetzt auch nicht weiter. Ich meine, wenn du mich hier nicht absichtlich in schwierige Situationen führst, dann tust du schon viel für mich, trotzdem weiß ich jetzt nicht, was ich tun soll.

wenn du sagst, im Cafe wäre Hilfe, dann würdest du ja reingehen, oder?

ja, das würde ich.

wie könnte denn die Hilfe aussehen? Weißt du das? Übrigens, dort drüben ist schon das Cafe, wir sind schon angekommen. Sagst du mir trotzdem noch was über die Hilfe?

komm, bleib mal stehen. Ich kann das nicht in einem Satz. Meinst du das jetzt allgemein?

nö, gar nicht allgemein. Ganz konkret. Wie kann ich dir dort helfen?

was? Du willst mir dort helfen? Du?

ja, wundert dich das?

ja und nein. Aber egal. Ich hatte nicht so den Eindruck, daß du mir zutraust, Hilfestellungen zu definieren.

wieso?

ich glaube, du hältst mich eher für stur, naiv und töricht. Aber gut, vielleicht irre ich mich oder es ist mal wieder etwas, was ich bei dir nicht verstehe. Eine Hilfestellung würde so aussehen, daß du mich darin unterstützt, <u>nicht</u> in das Cafe zu gehen. Aber das würdest du ja nicht tun. Eine andere Form würde so aussehen, daß du mir im Cafe irgendwie präsent bleibst ... ach, ich weiß auch nicht, wie ich das sagen soll. Ich finde Cafe einfach doof und langweilig. Aber ich glaube, die erste Form der Unterstützung magst du nicht so, oder?

nein, die mag ich nicht. Ich möchte zu gerne ins Cafe.

und wie ist es mit der zweiten Form? Kannst du irgendwie bei mir bleiben? Ich weiß einfach nicht, was ich da im Cafe machen soll.

ich glaube, ich habe dich ungefähr verstanden. Aber kannst du nicht auch aus deiner Erfahrung lernen? Das machen wir doch alle.

ja, stimmt. Aber es dauert bei mir irgendwie immer so lange bis ich was Passendes gefunden habe, bei dir geht das irgendwie viel schneller. Ich verstehe nicht, wie du das machst. Mich bringt das Ganze ganz schön in Stress ...

mich macht das jetzt irgendwie traurig ...

ja? ich habe da andere Gefühle. Mich macht das eher sehr verzweifelt und früher als kleines Kind habe ich dann extreme Wutanfälle bekommen. Vielleicht ist Wut auch nicht so der beste Ausdruck, ich habe Aggressionen bekommen, manchmal auch gegen mich selbst. Ich fand mich total unfunktional und habe dann Aggressionen bekommen. Es war der reinste Zerstörungswille.

machst du dann wahllos irgendwas kaputt?

ich mag darüber nicht reden!

warum denn nicht? Vielleicht ist es wichtig für mich.

nein, das ist ein Thema, was mich sehr beschämt. Das möchte ich immer für mich behalten.

okay, ich frage auch nicht mehr danach. Was ist nun mit dem Cafe? Was kann ich da für dich tun?

ja, du könntest versuchen, dich mit mir zu unterhalten. Also mit mir und dann vielleicht über unser Thesenpapier über Augustinus. Ich könnte dir eine Menge darüber erzählen.

aber wir wollen doch ins Cafe ... und nicht zur Uni.

ja, weiß ich. Mich interessiert aber ein Cafe sonst nicht. Ich finde es völlig überflüssig.

ich nicht ...

ja, dann wird es anstrengend für mich und dann muß ich vielleicht einfach gleich weggehen.

nach Hause?

nein, nicht nach Hause. Ich gehe erstmal nur weg, weil solche Orte in mir chaoti-

sche Gefühle bewirken und ich mit dem Chaos in meinem Kopf fertig werden muß. Meistens habe ich mich irgendwo hingesetzt und gar nichts gemacht. Habe stundenlang Ameisen zugeschaut oder habe stundenlang interessante Berechnungen angestellt.

wozu das alles? weißt du das?

ich glaube, es gibt eine Sehnsucht in mir und diese ist mitverantwortlich für das große chaotische Gefühl in meinem Kopf. Alle meine Anstrengungen diese Destruktion zu ordnen münden letztendlich darin, diese Sehnsucht zu betäuben. Manchmal ist es nötig, das zu tun; und dann tue ich es auch.

und nun?

was nun?

ja, wie willst du dich jetzt entscheiden? Ich will da auf jeden Fall rein!

irgendwie weiß ich es auch nicht ...

los komm mit!

ja gut, kann mich ja überraschen lassen ...

wird dir schon gefallen ...

na ja, sonst habe ich mich eben mal wieder geirrt.

okay, wir probieren es ...

Und dann gehen wir in dieses Szene-Cafe. Conny und Martin sind mit anderen Leuten in Gespräche vertieft und bemerken uns erst, als Ruth sie laut begrüßt. Conny und Martin umarmen Ruth und ich habe schon wieder diese schwere Tasche mit dem Obst und Gemüse in der Hand. Ich überlege eine Möglichkeit, sie abzustellen, sehe aber keine.

Ruth findet gleich einen Platz für sich, während ich immer noch dort stehe, wo mich meine Überlegung stehen gelassen hat. Eine schwarzweiße junge Frau kommt lächelnd auf mich zu, meine Hand geht zu meiner Brusttasche und ich überprüfe, ob ich überhaupt Geld dabei habe. Automatisch bestelle ich einen Kaffee, da ich mich ja in einem Cafe befinde. Da ich noch keinen Platz habe, versuche ich gleich zu bezahlen, was die junge Frau aber ablehnt. Dadurch wird die Situation für meinen Kopf komplizierter. Der Worte- und Geräuschesalat wird für mich immer lauter. Die Schwarzweiße übergibt mir nach kurzer Zeit schon den Kaffee und ist dann verschwunden. In der einen Hand halte ich das kleine Tablett mit der Tasse Kaffee, mit der anderen Hand halte ich die schwere Tasche mit dem Obst und dem Gemüse. Je länger ich so stehe, um so lauter werden die Geräusche um mich herum. Irgendwann habe ich das Gefühl, ich würde von den Geräuschen sogar körperlich attackiert. Ich verliere jegliches Gefühl für einen Sinn dieser Geräusche als Worte. Mir kommt meine Situation bedrohlich absurd vor. Das Tablett mit dem Kaffee und die schwere Einkaufstasche machen mich fast bewegungsunfähig. Dann kommt mir plötzlich nur noch ein Gedanke in den Sinn: schnell weggehen! Egal wie! Egal, was es kostet! Schnell muß es sein!

Ich stelle das Tablett unangetastet auf den nächsten Tisch, lege Geld dazu und beginne zu gehen. „Gehen", sagt eine Stimme in mir, „Deine Beine müssen gehen!"

Das Gefühl des Gehens wirkt sofort und gibt mir etwas Halt. Nach Fünf Minuten Gehen wird mir besser und ich kann schon ein wenig die Situation

reflektieren. Ich fühle mich nicht gut. In einer Seitenstrasse setze ich mich auf den Bordstein. „Essen"
fällt mir als Nächstes ein und ich untersuche die
Tasche. Die Äpfel sehen gut aus und nachdem ich
einen an meiner Jacke abgerieben habe, esse ich ihn
auf. Den Zweiten auch.

„ach hier bist du", höre ich jemand sagen und drehe
mich um.
>**ja, wieso?**
ich habe dich schon gesucht ...
>**ja ...**
wieso hast du dich nicht neben mich gesetzt?
>**ja, weiß ich jetzt auch nicht ... da war al-
les voll ...**
und dann warst du plötzlich weg ...
>**ja, stimmt.**
gut, daß du mir vorher gesagt hast, daß du irgendwann einfach gehst. So mit wußte ich wenigstens
Bescheid.
>**ja, aha ...**
was ist jetzt mit dir? Kommst du wieder mit? Conny
hat auch schon nach dir gefragt.
>**nein, ich komme nicht mit.**
>**Ich gehe nicht zurück ins Cafe.**
wieso? war irgendwas? Es hat dich doch gar keiner
angesprochen ... und den Kaffee hast du dir doch
auch prima selber bestellen können. Was war denn
los?
>**ich fühle mich fix und fertig. Ich gehe
jetzt nach Hause.**
och, das ist aber schade.
>**ja, hier ist deine Tasche. Ein paar Äpfel
habe ich schon gegessen.**

ja, danke. Willst du noch einen für den Heimweg?
Hier nimm!

ja, mach ich ... danke ... dann tschüß erst mal!

ja tschüß ...

Ich drehe mich um und dann habe ich schon wieder das Gefühl von „Gehen", was sehr wohltuend ist. Einfach nur gehen, an nichts denken, einfach bloß gehen.

In meinem Kopf wechseln sich Angst- und Enttäuschungsgefühle ab und ich fühle mich wahnsinnig verletzlich. Ich versuche nicht aufzufallen, habe entsetzliche Angst vor jeglichem Kontakt.

Kurz vor der Fußgängerzone ist mir der Fischverkäufer wieder eingefallen und bekomme ein schlechtes Gefühl ihm gegenüber, weil eigentlich der Fischkauf noch nicht abgeschlossen ist, obwohl ich ihn gar nicht wollte. Ich biege in eine Seitenstrasse. An einem Parkplatz gibt es eine Parkbank, die auch heute nicht besetzt ist und dort setze ich mich. Sogleich macht sich die Entspannung bemerkbar und ich kann mich auf meinen Atem konzentrieren.

In meinem Geist gehe ich alle Dinge durch, die ich gerade bei mir trage. Aus ihnen konstruiere ich mir einen funktionierenden Mikrokosmos. Damit beschäftige ich mich wohl eine Stunde lang. Ein kühler Wind kommt auf.

„ich wußte, daß ich dich hier finden werde," sagt plötzlich eine Stimme neben mir.

so?

ja, du hast mir mal von dieser Bank erzählt. Und da
bin ich auf dem Heimweg mal hier vorbeigegangen.
Und nun sitze ich hier neben dir.

ja, manchmal erzähle ich so was ...

es war noch sehr lustig im Cafe ...

ja, das glaube ich ...

schade, daß du nicht mehr zurückgekommen bist

ja ...

du hättest ruhig noch mal reinkommen können

nein, das hätte ich nicht mehr gekonnt ...

die da drinnen hatten doch noch gar nichts bemerkt,
da hättest du einfach wieder reinkommen können. So
als wärest du nur mal auf dem Klo gewesen.

**bitte höre auf damit ... das tut mir weh.
Ich war eben <u>nicht</u> bloß auf dem Klo. Ich
war draußen, weil ich es drinnen nicht
mehr ausgehalten habe. <u>So</u> war das.**

sei doch nicht gleich so ungehalten. Das war doch
nur ein Vorschlag. Wollen wir noch was gemeinsam
machen?

**ich sortiere mich gerade, das kann ich nur
alleine.**

soll ich gehen?

**nein, du kannst gerne hier mit sitzen. Nur
die Arbeit in meinem Kopf, die kann ich
nur alleine.**

was ist denn mit deinem Kopf?

**ich habe Chaos im Kopf, aber jetzt geht
es schon wieder. Vorhin war es mal wieder sehr extrem da.**

etwa im Cafe?

ja, genau dort.

als du da standest?

ja, genau dann.

das hat man dir aber gar nicht angesehen ...

ja, wie denn auch. Es steht mir ja nicht an der Jacke geschrieben ...

ja, ich meine, irgendwie sahest du schon ein bischen abwesend aus. Ich dachte, du wolltest erst mal kucken. Hast dir ja auch den Kaffee bestellt.

ich weiß. So sieht es eben aus. Es sieht aus, als ob ich etwas abwesend bin. Jetzt weißt du es auch.

Jutta hat mir das Wechselgeld gegeben ...

wer ist Jutta?

Jutta bedient dort. Von der hast du den Kaffee bekommen.

ach so ...

und nun?

ich fand den Kaffee aber recht teuer!

das ist ja auch 'n Cafe für die Szene ... die renovieren da noch ... brauchen jedes Geld ...

na ja, okay ... hast du jetzt eigentlich alles eingekauft auf dem Markt?

wieso kommst du da jetzt drauf?

ich meine, du wolltest doch auf dem Markt alle Zutaten kaufen ...

ach so, ja klar ... wenn was fehlt, nehme ich halt was anderes dazu ... bin da ganz flexibel ... ich koche eigentlich gar nicht mehr so nach Rezept ...

wenn Conny dich nicht getroffen hätte, dann würdest also anders kochen? Ist das bei dir so?

wie kommst du denn da drauf? ... nein, ganz so ist es nicht. Ich hatte doch schon vorher das Gemüse gekauft. Oder dauert dir das jetzt einfach zu lange? ... Hast du Hunger? Wollen wir hier mal in die „Senf-Gaube" und uns 'ne schöne leckere Bratwurst gönnen. Die sind da super klasse ... und die haben bestimmt 100 Sorten Senf zum Aussuchen. Wirklich total lecker. Wollen wir?

in die „Senf-Gaube"? nein ... danke

wieso denn nicht. Du hast doch bestimmt Hunger.

nein, habe ich nicht ...

bist du jetzt sauer? ... weil das da im Cafe nicht so geklappt hat, wie du wolltest?

du meinst, hätte ich das alles ein wenig lockerer gesehen, wäre es dort auch ganz nett geworden ...

ja, genau ... du siehst das immer so kompliziert, fast schon verbissen.

ja, stimmt ... so sehe ich das auch. Ich glaube, ich habe mich da in etwas verbissen und jetzt lasse ich das mal: so, schnell mal ein klick ... und ... ah! ... toll! ... jetzt ist die Welt so schön wie nie zuvor!

Das ich da bloß vorher nicht drauf gekommen bin! Ist doch so einfach!

jetzt habe ich dich sauer gemacht. Das wollte ich nicht. Entschuldigung.

ich kann da nicht einfach „klick" machen, ich weiß gar nicht wo! Versteh das doch endlich mal!

meine Bemerkung hat dir weh getan, das wollte ich nicht. Ja, stimmt. Vielleicht kann man das gar nicht so abschalten und jetzt komme ich noch mal mit so einem dusseligen Vorschlag. Die „Senf-Gaube" ist natürlich nichts für dich. Hast du Lust auf ein Brot bei mir Zuhause?

ja, hab` ich.

okay, dann komm. Laß uns was machen, was auch funktioniert. Ich wollte ja sowieso für dich kochen,

dann mache ich heute erst mal ´n Brot für dich, ja?
Ist das gut?

ja, das ist gut.

Als wir aufbrechen, ist es schon Abend geworden.
Auf der Fußgängerzone sind die Müllwerker und
kehren die Reste vom Markt-Tag weg. Der Fischverkäufer ist auch schon mit seinem Wagen weggefah-
ren und hat sicherlich den drolligen Kunden mit den
vier Bart-Fisch Filets schon längst vergessen. Ruth
geht neben mir. Die ganze Zeit möchte ich gerne was
zu ihr sagen, kann mich aber nicht entscheiden, was
ich ihr sagen soll. Innerlich formuliere ich ständig an
Sätzen, die ich aber dann gleich wieder verwerfe.
Aus Erfahrung weiß ich, daß mein Schweigen die
Leute nervt. Das macht die Situation für mich noch
komplizierter.

mein Schweigen nervt ganz schön, ja?
nö, finde ich nicht. Ist doch mal ganz schön, wenn
man mal nichts sagt. Meist wird ja immer viel geredet und meist dreht es sich auch nur um belangloses
Zeug. Du magst das nicht, oder?

**hm, schlecht zu sagen. ich glaube, es ist
besser ausgedrückt, wenn ich sage: ich
mag und ich kann das nicht. Weil ich es
nicht kann, ergeben sich durch mein
Stümpern allerlei Mißverständnisse, die
die Situation so verkomplizieren können,
daß niemand mehr durchsteigt. Auch ich
selber nicht.**
aber unterhalten kannst du dich doch, oder?

**ja klar. Aber eigentlich nur über die recht
ernsten Themen. Vielleicht ist „ernst"**

auch nicht der passendste Ausdruck. Auf jeden Fall kann ich eine leichte Unterhaltung nicht lange durchhalten, weil mich der Quatsch auch gar nicht interessiert.

weißt du wieso?

mich stören z.b. die vielen logischen Widersprüche, die ich da beobachten kann. Manchmal sind es sogar direkte logische Widersprüche und seltsamerweise stören sich die Leute daran gar nicht. Für mich sind sie unüberwindlich.

weißt du da gerade ein Beispiel?

ja, meinst du jetzt für den direkten logischen Widerspruch?

ja, was ist das?

z.B. hell und dunkel. Es gibt Nichts, was beides ist. Beide Zustände schließen sich gegenseitig aus.

ach so.

sag mal, weißt du eigentlich, warum du ausgerechnet in dieser Straße wohnst?

bitte was? Hier war eine Wohnung frei, die mir gefallen hat und deshalb bin ich da eingezogen. Meintest du das?

nein, das meinte ich nicht. Meine Überlegung bezog sich auf diese <u>Straße</u>. Deine Wohnung liegt ja an dieser <u>Straße</u>.

ja und?

könntest du dir vorstellen, daß deine Wohnung an einer anderen Straße liegen würde? Oder an überhaupt keiner Straße?

was? Wohnung sind doch immer in Häusern und die sind nun mal an Straßen.

ja, stimmt. Aber deine Wohnung könnte doch auch in einer anderen Straße liegen oder in einer anderen Stadt. Es wäre immer noch deine Wohnung, die du so schön findest. Aber deine Adresse wäre eine ganz andere.

ja ...

Eigentlich könnte es einem doch egal sein, welche Adresse man hat.

aha ...

aber wir Bürger sind aber per Gesetz gezwungen, eine bestimmte Adresse zu haben. Eine Adresse, die nicht egal ist. Die Adresse der Wohnung muß mit der Adresse im Ausweis übereinstimmen. Und diese wiederum mit der Adresse, die bei der Behörde hinterlegt ist.

Der Behörde ist meine Adresse wichtig, mir ist sie eigentlich ziemlich egal, mir ist eher meine Wohnung wichtig. Ich glaube, ich bin da grundsätzlich viel freier als die Behörde, aber die Behörde ...

ja, kann sein. Hier wohne ich. Willst du eigentlich noch mit reinkommen?

ja, ich dachte, du wolltest mir ein Brot machen.

ach ja, stimmt. Wir wollten ja Abendbrot essen. Irgendwie hat mich dein Reden mit dieser Adresse und so, ganz wuschig gemacht.

Entschuldigung. Ich rede manchmal viel.

na ja, so schlimm ist es auch wieder nicht.

Wir gehen zwei Treppen hoch und Ruth schließt die mittlere Tür von Dreien auf. Rechts und links ist sie

von anderen Mietern umschlossen. Sie huscht über
einen kleine Flur und öffnet eine Tür.

das ist meine Küche, du kannst dich da an den Tisch
setzen.
> **oh, keine Tapete. Das sieht gut aus.**

ja, ich bin noch nicht zum Tapezieren gekommen.
Wird alles nachgeholt.
> **nein, finde ich gut so. Ich würde es so las-**
> **sen.**

verarscht du mich gerade?
> **nein, ich interessiere mich für Design und**
> **sage das ganz ernst. Mit Fachverstand so-**
> **zusagen. Ich würde vielleicht die Wände**
> **einfach noch mit Lack überziehen, dann**
> **kannst du sie auch prima abwischen,**
> **staubt dann nicht so.**

ja, vielleicht keine schlechte Idee. Bin da noch gar
nicht drauf gekommen. Meinst du wirklich?
> **ja klar. Ich könnte dir morgen den Lack**
> **mitbringen. Du räumst die losen Sachen**
> **hier beiseite und ich rolle dir das über. In**
> **eineinhalb Stunden sind wir fertig. Ohne**
> **Kleckern.**

ja? ich dachte immer, das sei so ein Riesenaufwand.
> **schade, die Läden haben jetzt schon zu,**
> **sonst könnten wir gleich anfangen ...**

willst du nicht mal deine Jacke ausziehen?
> **nö ...**

aber es ist warm hier drin ... und das sieht so aus, als
wolltest du gleich wieder gehen ...
> **hast du in den anderen Räumen auch**
> **keine Tapete an den Wänden?**

doch, wieso?

ich meine, das sieht ja schon ziemlich interessant aus. Ich habe mal was bei Leuten gesehen, die hatten auch den Putz weggenommen, also ein Sichtmauerwerk entstehen lassen, was aber nicht als Sichtmauerwerk geplant war. Man konnte dann auch die kleinen Fehler in der Mauer sehen. Also wo ein Stein nicht ganz akkurat ausgerichtet ist. Ich fand es ungemein persönlich. Es sah deshalb schon fast intim aus.

ja, ich hatte einfach noch keine Zeit dazu.

ach so ... ja, stimmt. Falls du Hilfe beim Tapezieren brauchst, kannst du mir ja Bescheid sagen.

Tee oder Kaffee? Was magst du?

ja, weiß jetzt nicht so recht. Wegen mir brauchst du nichts machen.

ich möchte aber!

was willst du denn?

ich will es mir gemütlich machen und dann mit dir Abendbrot essen ...

ist das Thema mit der Tapete zu Ende?

jaaa. Willst du das Brot schneiden?

Brot?

wenn du lieber Knäcke magst, habe ich auch da. Ganz links in dem Schrank. Ich hole uns mal ein paar schöne Teller.

Knäcke?

zieh doch mal deine Jacke aus. Ja, Knäcke. Aber du brauchst ja auf deine Figur nicht achten. Machst du eigentlich Sport? Spielst du Fußball?

nein, nein, das mache ich alles nicht.

Wo ist hier das Klo?

zweimal rechts, der Schalter ist außen ...

Erleichtert mache ich im winzigen Klo die Tür zu.
Die Vorstellung in mindestens 3 Meter Höhe bei
fremden Leuten in einem 7 m³ großem ummauerten
Gehäuse zu sein, ist für mich gerade schwer auszu-
halten. Gottseidank liegen da ein paar Zeitschriften.
Ich setze mich auf den Klodeckel und fange an zu
lesen. Meine Augen gehen beim Lesen ständig hin
und her, was mich plötzlich sehr stört; ich beschließe,
mir deshalb nur die Fotos anzuschauen.
Das ruhige Anschauen der Fotos ist schön, die Fotos
dagegen finde ich ziemlich schlecht. Warum hat der
Fotograf diese verwackelten Dinger nicht einfach
weggeschmissen, frage ich mich. Vielleicht konnte es
an dem Tag kein Fotograf besser und irgendwas
mußte der Redakteur ja schließlich nehmen. Und
jetzt muß sich die ganze Welt diese Wackelbilder
anschauen. Der Redakteur hätte ja auch das Thema
streichen können. Aber vielleicht hatte er seiner Mutter versprochen, an diesem Tag dieses Thema zu
nehmen.
„Ist irgendwas?" höre ich jemanden rufen. Kurz
überlege ich, ob da draußen was vorgefallen sein
könnte. Aber mir fällt nichts ein.

lebst du noch, Matthias?
ja, alles klar. Ich lese gerade.
das Abendbrot ist fertig, beeile dich mal.

Schnell räume ich alles weg und gehe in die Küche.
Ruth schaut mich mit großen Augen an:

spülst du gar nicht?

doch, mache ich ...

jetzt auch? Davon habe ich aber noch nichts mitgekriegt ...

wie? Ich habe ja auch nicht gespült ...

soll ich das jetzt für dich machen?

was?

du warst doch auf dem Klo, oder?

ach so, nein. Ich habe bloß gelesen. Die Hände habe ich mir aber trotzdem gewaschen.

willst du da jetzt die ganze Zeit stehen?

ich weiß gerade nicht, was los ist. Soll ich mich setzen?

ja klar!

wohin?

wo du willst ...

ich bin mir gerade unsicher, was ich will. Wo sitzt du denn?

mach das mal nicht so kompliziert und setz dich hier auf diesen Stuhl, ja?

ja.

was ist denn los mit dir? Ich denke du hast Hunger.

nein, weiß ich jetzt nicht so. Ich dachte, du wolltest mir ein Brot machen.

ich? Ist doch viel schöner, wenn du dir da selber was drauf legst. Etwas, was du besonders magst. So was weiß ich ja von dir noch nicht. Der Käse da ist besonders lecker. Den habe ich von meiner Freundin. Die ist übrigens auch da im Cafe. Ihr Freund bringt den immer aus Frankreich mit. Probier mal.

ja, mache ich. Ich interessiere mich nicht so sehr für den Freund deiner Freundin und eigentlich auch nicht für seinen Käse.

sondern?

du hast mich neugierig gemacht ...

oh ... womit denn?

**mit dem Brot, was du mir machen woll-
test.**

oh Gott, du mit deinem Brot ... ist dir das wirklich so wichtig?

ja ... wieso?

soll ich dir denn wirklich noch ein Brot machen?

ja, bitte!

das ist ja wie bei einem kleinen Kind oder?

finde ich nicht ...

was willst du denn drauf haben?

**am liebsten hätte ich dein Brot ... wenn
das geht ...**

was? mein Brot? was ist denn daran so Besonders? Ich habe noch nicht mal was Leckeres drauf. Und angebissen habe ich auch schon. Soll ich das mal wegschneiden?

nein, das ist genau richtig ...

na gut, hier bitte ...

danke!

du bist vielleicht ein komischer Kerl, bist du so versessen auf mein Brot?

ja, stimmt.

geht dir das überall so?

nein, jetzt ist das so.

drollig ... dann mach ich mir eben ein neues Brot. Willst du das dann auch essen?

nein, nein. Das ist schon okay so.

ist dir eigentlich nicht warm? ... also mir schon. Ziehe mir mal eben was anderes an, komme gleich wieder.

**ja, mach das. Ist das eigentlich grüner
Tee?**

ja, Französischer, habe ich auch aus dem Cafe.

Ruth huscht aus der Küche. Ich höre irgendwelche Schranktüren klappen, dann läuft Wasser, dann höre ich wieder Schranktüren. Dann ist Stille. Die Wände ohne Tapete haben ihren visuellen Reiz und in Gedanken überlege ich, mit welche Farbe man hier und da den Effekt noch vertiefen kann. Auf dem Kühlschrank sitzt ein kleiner Teddy und ich stelle mir vor, wie er Ruth jeden Morgen beim Frühstück zuschaut. Ich lächele ihm zu, ich wäre jetzt gerne an seiner Stelle.

Von Ruth ist nichts mehr zu hören, ich habe mir noch einmal Tee nachgegossen und warte. Nachdem der Tee getrunken ist, werde ich müde und möchte nach Hause gehen. Eigentlich würde ich einfach so gehen, aber aus Höflichkeit will ich mich noch verabschieden. Auf dem Flur rufe ich ihren Namen. Vorsichtig schaue ich auf´s Klo, wo sie aber nicht ist. Dann schaue ich in ein anderes Zimmer. Ruth liegt halb ausgezogen auf ihrem Bett und schaut nach mir.

> **Huch! ... ist dir vielleicht schlecht geworden?**

was?

> **ist der französische Käse vielleicht schon verdorben gewesen?**

du hast ja immer noch deine doofe Jacke an!

> **ja, ich wollte gerade gehen und ... habe dich dann gesucht, weil ich „Tschüß" sagen wollte ...**

willst du jetzt wirklich gehen?

> **ja ...**

ja, dann hau doch ab ... tschüß !

48

Ruth dreht sich von mir weg und zieht sich ihren Pullover wieder an. Ich stehe noch da und überlege, ob ich noch was sagen soll. Mir fällt nichts ein und deshalb gehe ich. Im Treppenhaus höre ich plötzlich, wie jemand eine Zimmertür laut zuschmeißt und irgendwie ist mir unwohl.

Mit einem blöden Gefühl schlendere ich die Straße lang. 22 Laternen stehen auf einem kleinen Platz in der Fußgängerzone.

„Kannst du nicht mal stehen bleiben?" schreit es da in der Strasse und ich schaue mich um. Ruth kommt energisch auf mich zu gelaufen.

bist du eigentlich so doof oder willst du wirklich nichts von mir?

du bist ja barfuß ...

das ist mir doch jetzt egal! Ich habe dich was gefragt!

meinst du, weil ich gegangen bin?

ja, ganz genau ...

ich bin müde. Das war der Grund. Und das ist ja nicht <u>meine</u> Wohnung. Deshalb wollte ich nach Hause gehen in <u>meine</u> Wohnung, wo ich mich dann hinlegen kann.

wenn du pennen willst, dann kannst du das auch bei mir. Deshalb brauchst du mich doch nicht gleich so vor den Kopf stoßen.

was hab ich denn bloß angestellt? Ich war beunruhigt, weil du nicht mehr in die Küche zurückgekommen bist.

das kannst dir wohl nicht denken, warum ich nicht zurückgekommen bin, was?

> **nee ... was hätte ich denn denken sollen?**

ach, vergiß es.

Wir stehen eine lange Zeit schweigend da. Ich spüre, daß ich Ruth verärgert habe und daß sie von mir enttäuscht ist.
Mir geht ihre tapetenlose Küche durch den Sinn und der kleine Teddy.

> **auf deinem Kühlschrank sitzt so ein kleiner süßer Teddy. Als ich den sah, wollte ich so sein wie er. Weil ich mir vorstellte, daß er dich an jedem Tag sehen kann. Jeden Tag.**

an schlechten Tagen brauchst mich niemand sehen ...

> **ja, stimmt. Aber für mich wären auch die schlechten Tage schön ...**

meinst du? ... ja, den habe ich zu meinem dritten Geburtstag bekommen. Mir ist kalt an den Füßen.

> **willst du dir was anziehen?**

wartest du hier? ... oder willst du noch mal zu mir kommen?

> **ja, weiß jetzt nicht so genau ...**

du kannst auch bei mir pennen ...

> **ich überlege ...**

oder den kleinen Teddy besuchen? ...

> **ja, gut ... ich komme dann noch mal mit dir mit ...**

Ruth hakt sich einfach bei mir ein und so gehen wir wieder zurück. Ich weiß, daß sie sprechen möchte, aber ich weiß einfach kein Thema für uns. So gehen wir wieder im gewohnten Schweigen.

Mein linker Oberarm fängt an etwas zu schmerzen, weil sich Ruth mit beiden Händen an ihm festhält. Ihren Kopf drückt sie an meine Schulter. Mir wird etwas warm und ich finde es sehr romantisch.
Wir gehen die beiden Treppen herauf und plötzlich erschrickt sich Ruth und zeigt auf die offene Wohnungstür:

oh, da ist jetzt bestimmt jemand drin ... ich hatte die Tür ganz sicher zugemacht und jetzt ist sie offen ... ich geh da nicht rein!
> **och, das glaub ich nicht ... wer sollte denn da einbrechen wollen.**
geh du da rein ... ich bleibe hier draußen!
> **ja, meinetwegen ...**
und kuck überall nach, hörst du ... überall!
> **ich gehe doch nicht an deinen Kleiderschrank.**
doch! Das tust du! Und schau auch unter dem Bett nach ... überall!

Unbedarft gehe ich in die Wohnung und tue, was mir aufgetragen ist. Mir ist es doch etwas unangenehm, einfach bei Ruth in der Wohnung alles aufmachen zu sollen. Ich finde aber keinen Einbrecher. Alles sieht schön ordentlich aus. In ihrem Kleiderschrank liegen die Pullover fein und ordentlich übereinander, hier und da sehe ich ein Stück Seife. Unwillkürlich streicht meine Hand über den obersten Pullover.

„Nein, hier ist nichts!" rufe ich gerade und drehe mich um. Ein fürchterlicher Schreck durchfährt mich, weil ummittelbar neben mir eine dunkle Gestalt ist.

Ich habe mit niemanden im Zimmer gerechnet und der Adrenalinspiegel läßt mir das Herz klopfen.

„Danke" sagt eine Stimme leise und dann spüre ich einen kleinen festen Mund an meiner Wange. Ruth steht an meiner Seite. Das viele Adrenalin läßt meine Muskel zucken, mir schlottern die Knie und ich muß mich setzen. Viel Auswahl habe ich nicht und so sitze ich auf ihrem Bett. Sofort machen sich zwei flinke Hände daran, mir die Jacke auszuziehen. Augenblicklich wird mir kalt, ich habe den Eindruck, meine Zähne klappern.
Bevor noch zusätzlich Panik entsteht, nehme ich die Bettdecke und wickele mich damit ein.

mir ist plötzlich recht kalt geworden.
soll ich dir 'ne Wärmflasche machen? Ich habe eine da ...
ja, bitte... meine Zähne klappern schon.
hast du Angst gehabt?
nein, ich habe mich eben bloß so erschrocken ...
das wollte ich nicht ...

Ruth springt auf und verschwindet in der Küche. Mir wird augenblicklich besser und eine angenehme Müdigkeit macht sich breit.
Die helle Sonne zeigt am nächsten Morgen ein ungewohntes Bild, ich muß erst mal darüber nachdenken. Scheinbar bin ich nicht da, wo ich sonst immer bin. Als ich meine Jacke sehe, die schön ordentlich über die Stuhllehne gelegt ist, erinnere ich mich. Ich schaue mich nach Ruth um und entdecke sie ganz dicht bei mir. Wie eine kleine Katze hat sie sich ein-

gerollt und drückt sich an meine Seite. Sie hat ein wunderschönes blaues Nachthemd an, während ich mit meiner Unterwäsche im Bett liege. Die Schuhe, Hemd und Hose sind ausgezogen.

Ich überlege, was ich jetzt tun könnte. Mir ist sehr gemütlich dabei. Ich lasse meinen Blick durch das Zimmer schweifen und stelle mir vor, Ruth und ich wären ein Paar. Dann würde ich jetzt ganz selbstverständlich aufstehen und ein Frühstück machen. Es wäre in einem gewissen Sinn ja auch meine Wohnung, sie wäre mir überhaupt nicht fremd. und dann würde es alle Welt auch von mir erwarten, daß ich für zwei Personen Frühstück mache.

Mit Ruth frühstücken! Dieser Gedanke läßt mich munter werden. Wir beide zufällig hier an diesem Ort, zu genau dieser Zeit und so wie wir sind! Mit allen diesen schönen begleitenden Umständen! Kein Krieg, keine Gebrechen und dazu auch noch Sonnenschein. In mir kommt richtig viel Freude auf. Gerade jetzt frühstücken, nicht zu einem anderen Zeitpunkt, sondern gerade jetzt! Und dann mit Ruth und nur mit Ruth, herrlich!

Vorsichtig stehe ich auf und gehe in die Küche. Mir kommen alle Gegenstände äußerst einzigartig vor. Nur ganz vorsichtig mag ich sie berühren. Ich suche für ein Frühstück alles zusammen und decke den kleinen Küchentisch für zwei Personen. Aus Ruths Schlafzimmer kommen Geräusche und es dauert nicht lange, da steht sie in ihrem Nachthemd in der Tür:

kommst du mit duschen?
   jetzt?
ja ...

und das Frühstück?

später ...

**ja, ich meine, ich habe gar keine Wasch-
sachen dabei ...**

kriegst du von mir ... ja?

**ja, okay ... wenn der Tee fertig gezogen
hat ...**

gut, ich gehe schon vor ...

Während ich den Tee abgieße, höre ich schon allerlei
Geräusche aus dem Bad. Ich stelle die Teekanne auf
die noch warme Herdplatte und gehe ins Bad. Ruth
hat schon ein paar Handtücher hingelegt und läßt
dann plötzlich das Nachthemd fallen.
Das Badezimmer ist sehr klein und hat auch nur eine
Dusche mit einem bunten Duschvorhang. Sie dreht
die Dusche auf:

los, zieh dich aus und komm her

**ja, mach ich ... meinst du, wir sollten zu
zweit?**

ja klar. Dann können wir uns gegenseitig abschrub-
ben ...

das wird dann aber sehr eng ...

das ist doch gerade toll!

vielleicht ist nacheinander doch besser ...

finde ich aber nicht. Los komm! Du kannst deine
Sachen in den Flur legen, damit sie trocken bleiben.
Sonst hast du zum Frühstück nichts anzuziehen ...

Nach dem Duschen richte ich in der Küche weiter
das Frühstück. Ich habe natürlich bemerkt, daß da
wieder was schief gelaufen ist. Ich überlege, was es
sein könnte. Eigentlich hat das Duschen doch gut

geklappt. Wir haben uns beide sogar noch die Haare waschen können. Jetzt höre ich den Fön. Hoffentlich wird das jetzt nicht grenzenlos dauern. Ich lehne mich an die Fensterbank. Eigentlich würde ich auch sitzen wollen, ich weiß aber nicht, welches ihr Platz ist und welches der Besuchs-Platz. So stehe ich da und warte.

Nach einer langen Weile kommt Ruth fertig angezogen in die Küche. Sie flicht geschickt ihr langes Haar zu zwei Zöpfen:

sag mal, magst du mich nicht einfach mal berühren?

doch .. ja, schon ...

davon habe ich unter der Dusche nichts bemerkt.

da wollten wir ja auch duschen ...

und Haare waschen ...

<u>du</u> vielleicht, ich wollte auch noch was anderes ...

so? ... dann habe ich das nicht verstanden.
Du hast vom Duschen gesprochen und ich
fand es zu zweit so unter der Dusche auch
ziemlich eng.

sag mal, muß man dir das jedesmal sagen?

na ja, es wäre schon gut, wenn du sehr
klar sagst, was du meinst oder möchtest.

na, du bist vielleicht ein komischer Kerl. So was braucht man normalerweise gar nicht aussprechen, weil das doch sonnenklar ist. Wozu soll ich denn sonst mit ´nem Mann unter die Dusche gehen?

ja, ich dachte, es ginge dir um das Du-
schen und Haare waschen ...

du merkst aber auch gar nichts ...

was ist denn jetzt?

du hättest mich ja wenigstens mal in den Arm nehmen können. Du mußt doch das merken, daß ich das will. Hast dich gestern ja auch schon total stoffelig angestellt.

das hat mit Stoffeligkeit gar nichts zu tun. Genauso gut hättest du das auch merken können, daß ich da wohl Verständnisschwierigkeiten habe. Ich möchte jetzt frühstücken. Der Tee ist bestimmt schon ungenießbar, weil er da schon etwas mehr als eine Stunde steht, also eigentlich siebzig Minuten. Wo ist eigentlich dein Platz? Und wo soll ich sitzen?

ich sitze immer hier ...

okay, dann gieße ich mal den Tee ein.

irgendwie magst du auch Berührungen nicht so, oder? Mir kommt das jedenfalls so vor. Jedesmal wenn ich oder andere dich umarmen oder dir bloß die Hand geben, zuckst du.

ich zucke nicht ...

doch tust du ...

ich bin unsicher ...

ja, weiß ich. Mußt du auch nicht wörtlich nehmen, das sagt man eben so. Aber du siehst auf jeden Fall immer ein wenig erschrocken aus. Als ob es dir auch körperlich unangenehm ist.

ach, ich kann nicht sagen, daß ich Berührungen prinzipiell nicht mag. Ich habe bloß ... oder anders: mit den allermeisten Berührungen sind für mich schlechte Erfahrungen verbunden. Irgendwann hatte ich auch keine Lust mehr auf Berührungen. Es ist für mich einfacher, weniger Berührungen zu haben und dafür weniger schlechte Erfahrungen.

wie soll ich das denn verstehen?

am besten wörtlich ... Berührungen auszutauschen ist ein ungemein komplexer Vorgang, der überwiegend nicht über die Willkür, sondern über unbewußte Hirnvorgänge gesteuert wird. Dir erscheint es simpel, was es aber in Wirklichkeit überhaupt nicht ist. Kein Computer oder Roboter wäre in der Lage, über Berührungen miteinander zu kommunizieren. Der Vorgang ist viel zu komplex. Ich glaube, daß wir uns beim Austausch von Berührungen bewußt abstimmen sollten, aber ich bin mir da auch nicht ganz sicher. Warum hast <u>du</u> mich denn nicht mal in den Arm genommen? du sahst nicht so aus, als ob du das wolltest ... schade ... ich hätte es gestern auf der Parkbank gut gefunden ... ich fand das sehr aufregend, besonders weil du barfuß warst ...

fandest du das erotisch? Findest du nackte Füße erotisch?

ich hatte das Gefühl, dir nahe zu sein .... ich weiß auch nicht wieso. Die Tatsache der nackten Füße in der Fußgängerzone bei Nacht ... das fand ich klasse!

ja, wenn du das so gut fandest, dann nimm mich doch mal jetzt in den Arm ...

wie? ...

einfach so ... jetzt ...

okay ... so kurz oder auch ganz lange?

ja, meinetwegen ... auch ganz lange ...

Ruth macht zwei Schritte auf ich zu und ich umschließe sie mit meinen Armen. Sie schmiegt sich an mich. Dann ist sie ganz still. Und dann noch stiller. Und ich fange an nachzudenken, ob Ruth meine Umarmung überhaupt mag. Die Gedanken dazu sind mir noch sehr ungewohnt. Dann ist mir plötzlich so, als ob ich den Kontakt zu ihr verloren habe. Ich spüre sie nicht mehr und das Gefühl einer großen Weite nimmt ganz von mir Besitz. Mir fällt es schwer, meine Augen zu fokussieren und auch meine Gedanken verlieren ihre Griffigkeit.

„Beweg dich doch mal!" bölke ich plötzlich los und Ruth zuckt zusammen. Aus der Umarmung genommen schaut sie mich mit großen Augen an:

was ist denn?

warum bewegst du dich denn nicht?

warum sollte ich das. Das war für mich so schön, dich so zu spüren ...

ich hatte das Gefühl, den Kontakt zu dir zu verlieren ... irgendwie spürte ich dich nicht mehr so richtig. Warum bewegst du dich denn dabei auch nicht?

ja, weiß nicht. Soll ich das machen? Findest du das gut?

ja, mir ist so, als ob ich dich sonst nicht richtig spüre. Als ob du aus deiner Haut entweichst und weg bist. Für mich nicht erreichbar. Und dabei wollte ich dir nahe sein, dich spüren. Mich frustriert das wahnsinnig.

bist du jetzt wütend?

ja!

auf mich?

nein, nicht auf dich ...

auf dich?

      ja, vielleicht. Ich weiß das nicht so genau.
      Ich könnte jetzt gegen diese Wand treten!
      Und irgendwas schmeißen! Und schreien!

das macht mir Angst!

      du hast damit doch gar nichts zu tun! Ich
      habe bloß so eine Wut in mir ... so eine
      starke Aggression!

ich habe trotzdem Angst!

      dann mach doch was!

ich weiß nicht was ... ich könnte jetzt losheulen!

      mach was! ... mach irgendwas!

kann ich denn was machen?

      beweg dich doch!

einfach so? Ich habe jetzt bischen Angst davor ...

Aber dann kommt Ruth auf mich zu und hakt sich
vorsichtig bei mir ein. Meine Anspannung ist gräß-
lich und eigentlich könnte ich jetzt weinen. Mir
kommt die ganze Situation unpassend vor.

      beweg dich! ... beweg dich, bitte ...

einfach so?

      ja, einfach so ...

wie denn?

      wenn dir nichts einfällt, tue meinetwegen
      so, als ob du tanzt ...

in mir zittert alles so ...

      das ist doch jetzt egal, beweg dich bloß ...
      ich fühle mich so weit weg von dir ...
      es muß doch irgendwie weitergehen ...

Durch meinen dicken Pullover hindurch spüre ich ein
leichtes Vibrieren in ihren Händen. Ruth reißt sich

stark zusammen, um in der Situation hilfreich zu sein. In mir stellt sich wieder ein Wohlgefühl ein und die plötzliche Anspannung ist weg. Endlich kann ich wieder tief durchatmen.

Mein Blick fällt auf den Frühstückstisch. Er sieht aus wie in einem Museum. Wie tiefgefroren und scheinbar hat er ebenfalls schon den Kontakt zu mir eingestellt.

„Ist es wieder gut?" fragt mich Ruth ganz neugierig und ich nicke.

> **ja, laß uns jetzt frühstücken ...**

der Tee ist bestimmt ganz kalt. Ich mache einfach einen Neuen. Wollen wir toasten?

> **ja, wenn du Toast magst ...**

und du? ... magst du denn Toast?

> **schwierig ... eigentlich nur dann, wenn <u>du</u> den Toast magst ... allein würde ich mir keinen Toast machen. Aber nicht, weil mir ein Toast nicht schmecken würde, sondern weil ...**

ja okay, ich habe schon verstanden. Ich mag Toast ...

> **gut, dann toasten wir ... wo war jetzt noch mal dein Platz?**

ach, komm ... setz dich hier her. Hier ist <u>dein</u> Platz. Hier an <u>meinen</u> Tisch. Gut?

> **ja, sehr gut**

ich mag übrigens alles, was auf dem Tisch steht ...

> **so?**

nimm das jetzt bitte nicht wörtlich. Ich wollte nur, daß du dich am Tisch wohl fühlst.

> **und deswegen hast du das gesagt?**

ja. Und jetzt kannst du überall zugreifen.

> **mag sein.**

Und dann endlich frühstücken wir. Während ich mich noch darüber wundere, daß ich bei fremden Leuten am Tisch sitze, taucht bei Ruth ihre fröhliche Seite wieder auf. Auch während sie kaut, lächelt ihr Mund. Ganz fasziniert schaue ich immer wieder dort hin.
Ruth ißt zwei Scheiben Brot, ich auch.

wollen wir danach noch mal ins Bett gehen?
  ich bin nicht müde. Ich würde gerne mich anziehen und dann losgehen.
ich bin auch nicht müde. Ich meine ja bloß. Wo mußt du denn noch hin?
  ja, ich kann mich hier irgendwie nicht beschäftigen. Ich weiß hier kaum was zu beginnen. Und für mich ist es wichtig, daß ich mich beschäftigen kann ... und auch darf. Das heißt, daß da nicht irgendwelche Leute kommen, die meinen, ich müßte was ganz anderes machen. Ich müßte was machen, was alle so machen. Was mich aber nicht beschäftigt. Was mich auch nichts fühlen läßt und was irgendwie für mich ganz widersinnig ist.
und statt dessen?
  statt dessen würde ich jetzt gerne was lesen ...
oder?
  ich könnte auch was lernen ...
was lernen?
  ja, für die Uni.
ach so ...

weißt du eigentlich, daß du während des ganzen Frühstücks gelächelt hast?

ich habe was?

gelächelt ... ich habe es genau bemerkt.

ja, vielleicht war mir auch danach ...

ja, das glaube ich auch ... ich ziehe mich dann mal an ...

Irgendwie möchte ich jetzt weg und vergesse dabei, mich zu waschen. Schnell ziehe ich meine Kleidung an. 12 Knöpfe am Hemd und nur einen einzigen an der Hose. Ich überlege, ob ich noch irgendwelche Sachen dabei habe, aber mir fällt nichts ein.

wann bist du denn an der Uni fertig?

denke mal so gegen 14 Uhr ...

wollen wir uns dann wieder treffen? ...

ja, meinst du?

ja ... ich koche auch für dich ... das wollte ich doch schon immer machen ...

heute ist aber kein Markt ...

ich habe genug Sachen da .... kommst du? ...

für mich kochen?

ja, für dich ... das wollte ich eigentlich schon gestern machen ....

ja ... ja, gerne ...

läßt du dich gerne verwöhnen?

eigentlich nicht ... wieso kommst du da drauf? ...

weiß nicht ... ich dachte ...

du, ich will los ... sonst wird es zu spät ...

kriege ich 'nen Kuß?

hier ... bitte ... tschüß dann ...

ja, tschüß ... bis später ...

Die Uni ist ein recht großer Komplex von verschachtelten Gebäuden. Irgendwie weiß ich drinnen immer die Himmelsrichtung und kann mich orientieren. Dann stehe ich auch schon vor der Tür: 315. Ich klopfe höflich und öffne. Der Raum ist voll. Ich suche nach einer Sitzmöglichkeit, aber es scheint wirklich alles besetzt zu sein. Ich stehe an der Tür und suche den Raum systematisch ab. Endlich finde ich doch noch einen einzigen leeren Stuhl und setze mich dort.

Die Vorlesung handelt vom Buddha, der seine Lehrreden in Indien hielt. So gut es geht, möchte ich mir die wichtigsten Dinge aufschreiben. Dabei fällt mir auf, daß jedesmal, wenn ich hochschaue, schauen mich auch die Studenten an. Es ist schon recht seltsam.

Für mich stockt das Thema sehr. Es scheint sich irgendwie ständig um den Ort „Geierberg" zu drehen, auf den Inhalt der Lehrrede wird gar nicht eingegangen. Ich finde es absurd, ausschließlich den Namen einer Rede zu diskutieren. Mich regt die Einseitigkeit auf, ebenso daß ich den Professor zwar sprechen höre, ihn aber ich nicht sehe.

Dann suche ich ihn. Zwischen den Studenten scheint er nicht zu sein. Trotzdem höre ich ihn. Dann drehe ich mich um und entdecke ihn direkt hinter mir. Sofort wird mir klar, daß dieser einzig freie Stuhl der des Professors war und auf dem ich jetzt sitze.

Ich beginne zu überlegen, was das zu bedeuten hat. Meine Ohren dröhnen und mir ist ganz schwindelig, ich kann kaum noch ein Wort verstehen. Ich packe meine Tasche und gehe wieder hinaus.

„Gehen", jetzt ist „Gehen" für mich wichtig und ich tue es. Wie auf Watte treten meine Füße, ich spüre sehr wenig davon.

hey, Matthias
    hallo ...
du mußt deinen Belegbogen noch ausfüllen ... ich habe ihn dir gleich mitgebracht ...
    hallo, Hartmut ... oh, danke ...
    hast du deinen schon ausgefüllt?
ja, auch schon abgegeben ...
    was ist eigentlich mit Latein? ...
schreib doch 5 Stunden, das hab' ich auch ...
    5 Stunden? ... bei wem denn?
Professor Schneider ... der hat die Nummer 1217
    wo muß ich das reinschreiben? Ich kann
    mir diesen Verwaltungsakt schlecht mer-
    ken, ich würde gerne abends bei dir rein-
    schauen, geht das?
geht 's dir irgendwie nicht gut? Du siehst irgendwie so daneben aus. Ja, meinetwegen, dann komm vorbei und wir füllen das zusammen aus ... also bis dann ...

Hartmut geht weiter und ich auch. In meinem Kopf ordnet sich gerade wieder mal nichts. Latein, Philosophie, Kirchengeschichte und gab es da nicht auch noch Griechisch?
„Bloß nicht aufhören mit Gehen," sagt etwas in mir und ich gehe weiter.

„hallo Matthias ... na, wie geht 's," höre ich, aber ich weiß nicht woher und von wem. Ich schaue mich um, aber mir wird nicht klar, was oder wer da gesprochen haben könnte. In mir macht sich Kühle bemerkbar und ich fürchte, mein Kreislauf bricht zusammen.

Ich gehe weiter, am besten nach Hause. Gehen und Gehen, das funktioniert jetzt recht gut.

Je näher ich mich meiner Wohnung fühle, um so stärker weiß ich, daß ich eigentlich zu Ruth möchte. Kurz vor meiner Haustür drehe ich deshalb um.

Mein Kreislauf ist ziemlich weit unten und ich muß mich jetzt sehr auf das Gehen konzentrieren. Mein Zustand wird zu einer existentiellen Not und ich fürchte, Ruth nicht anzutreffen. Ich gehe und gehe. Mir erscheint es endlos. Der Gedanke, daß sie für mich kochen möchte, motiviert mich. Ich glaube, in Ruth einen wirklichen Menschen getroffen zu haben. Jemanden, der genauso wirklich ist wie ich selber. Jemand, der eine gewisse Stabilität aufweist und nicht schwindet, wenn ich ihn bloß anschaue.

Ich erreiche das Haus, in dem sie wohnt und hastig drücke ich die Klingel.

nanu, du schon da? Ist die Uni ausgefallen?

nein, da ist nichts ausgefallen. Bin aber jetzt schon fertig mit allem ...

hier, das ist Helga. Sie wollte einfach mal reinschauen und ich habe gedacht, sie kann ja gleich bleiben und mit kochen. Dann machen wir das alle gemeinsam.

nein, ich möchte das gar nicht gemeinsam machen!

auch recht, dann kochen nur Helga und ich. Und du kannst was lesen ... oder noch was für die Uni arbeiten.

wieso muß denn Helga da mitkochen?

die kocht super gut, das wird dir schmecken ... ganz
bestimmt!

> **das glaube ich eher nicht. Mir geht es gar
> nicht um schmecken, ich dachte <u>du</u> kochst
> für mich. <u>Darauf</u> habe ich mich gefreut.**

ja, das machen wir doch auch, wir kochen jetzt was
für dich. Hast du denn so großen Hunger?

> **ich habe überhaupt keinen Hunger!**

wieso regt dich das so auf? Wenn du keinen Hunger
hast, brauchen wir auch nicht kochen. Ich wollte
sowieso mal ein paar Tage lang etwas weniger essen.

> **mich hätte es gefreut, wenn <u>du</u> für mich
> gekocht hättest ... Mir geht es gar nicht
> um Hungergefühle. Ich fühle zu dir was
> ganz anderes, ich bin doch nicht zurück-
> gekommen, um mich satt zu essen. Ich be-
> stehe doch nicht nur aus Körper! Hier in
> deiner Wohnung ... was für eine Gelegen-
> heit ... hier möchte ich dich fühlen ... ganz
> nah fühlen ... aber eben nicht so, wie du
> jetzt denkst.**

so? ... wie denke ich denn?

> **ich wünsche mir sehr, daß du für mich
> kochst, so wie du gesagt hast. Aber nicht,
> weil ich selbst nicht kochen kann oder
> weil ich vielleicht heute zu faul dazu bin
> oder weil ich meine, bei dir schmeckt es
> am besten und auch nicht, weil ich Hun-
> ger habe. Irgendwie mag ich es sehr,
> wenn du mich meinst, weil ...**

weil?

> **ich glaube, ich spüre dich dann erst rich-
> tig ...**

wenn was?

ja, wenn du zum Beispiel für mich kochst.

beim essen dann? ... oder wie muß ich mir das vorstellen?

nein, nicht beim Essen, sondern in dieser ganzen Zeit, wo du kochst ... wo du eben für mich kochst. Vielleicht ist das auch nicht immer so, aber irgendwie hoffe ich es jedenfalls, daß ich dich spüren kann, wenn du mich meinst.

mein Gott, ist das wieder kompliziert. Ich steige da nicht durch. Wieso kannst du dich nicht einfach mal mit Hunger an den Tisch setzen und essen? Wieso muß das gleich wieder so kompliziert sein?

für mich ist das nicht kompliziert. Ich kann auch hungrig auf Essen sein, aber mir kam es eben darauf an, daß du für mich kochen wolltest. Du hättest einfacher sagen können: ich koche und wenn du willst, kannst du mitessen. Das wäre für mich einfacher gewesen. Und so klang es für mich, daß es mehr werden würde, als nur den Hunger stillen. Du wolltest eben für mich kochen.

was denn mehr?

wenn ich darüber sprechen sollte, wäre es tatsächlich sehr umfangreich. In drei Sätzen kann ich es nicht sagen. Ich habe keine Ahnung, wie ich das kurz erklären könnte.

meinst du, deine Seele will auch gestillt werden?

na ja, vielleicht so ungefähr.

ich weiß gar nicht, wie ich das machen soll ... so mit kochen ... was ganz besonders Leckeres weißt du ja für dich nicht und dann kann ich dir das auch nicht kochen.

> die Seele ernährt sich doch gar nicht von was Leckerem oder überhaupt von stofflichen Dingen. Jedenfalls so wie der Begriff Seele definiert ist. In der Antike war die Seele die Kraft, die einen Körper lebendig werden ließ. Aristoteles unterschied die verschiedenen Seelenteile, wie zum Beispiel den denkenden Seelenteil. Aber ich denke, der Begriff Seele ist ein Reflexionsbegriff, der ...

stop! du bist hier nicht an der Uni!

> ja, stimmt.

was soll ich denn jetzt machen? ...

> gar nichts ... du kannst dich ja um Helga kümmern. Ich glaube, ich müßte mich mal hinlegen, mir geht es nicht so gut. Wo kann ich das machen? Auf dem Sofa?

nein, da wollen <u>wir</u> ja jetzt sitzen. Warum setzt du dich nicht einfach dazu?

> ich glaube, ich schaffe das nicht mehr.
> Ich gehe dann lieber.

bist du jetzt sauer, weil Helga da ist und ich mich auch um Helga kümmern möchte?

> keine Ahnung, ich weiß nur, daß ich unbedingt weg muß ... also bis später dann ... tschüß

ja, tschüß dann. Tut mir jetzt leid irgendwie.

Ich mache schnell die Tür hinter mir zu und gehe die beiden Treppen hinunter. Hoffentlich hält mein Kreislauf bis ich zu Hause bin. Auf der Straße ist mir so, als gäbe es auf einer riesigen Plattform ein Gefühl des Gehens, dem ich mich ganz hingebe. Während ich so gehe, überlege ich, warum Ruth schon wieder nicht für mich kochen konnte. Mir fällt aber kein hinreichender Grund ein, was mich frustriert.

War Helga überhaupt ein Ablenkungsgrund? Ruth möchte doch für mich kochen, oder? Mir kommen Zweifel. Endlich! Vielleicht bilde ich mir das bloß ein und Ruth möchte das gar nicht. Sie hat das alles vielleicht gar nicht so gemeint. Während der Zweifel in mir bohrt, werde ich zusehends fröhlicher. Mir ist so, als würde eine Struktur vom Himmel fallen und aus diesem Irgendwas einen wohldefinierten Irrtum meinerseits machen.

Kaum habe ich mein Bett erreicht, falle ich auch schon vor Erschöpfung in den Schlaf.

Am nächsten Morgen schneide ich mir beim Rasieren in die Lippe. Sofort fallen Bluttropfen auf den Boden. Aufmerksam betrachte ich mein Gesicht im Spiegel. Mit dem Finger verteile ich etwas das Blut im Gesicht und denke, daß eine Theaterschminke das nicht besser hätte machen können. Die rote Farbe passt gut zum Körper, grün würde ich als störend empfinden.

Der Geschmack von Blut ist sehr spezifisch und ich frage mich, warum dem Menschen davon nicht übel wird. Blut als Nahrungsmittel?

Zum Frühstück mache ich mir ein Brot und eine Kanne Tee. Dann sitze ich da und kaue. In meiner Vorstellung stecke ich das Brot in einen sehr langen Schlauch, der ich selber bin. Warum bloß, frage ich mich. „Warum machst du das bloß?" frage ich mich lauter. Während die Frage noch bearbeitet wird, lege ich schon wieder ein weiteres Stück Brot in den Schlauch-Anfang. Das Brot bleibt lange Zeit in meinem Mund liegen. Ich rühre es nicht an. Statt dessen überlege ich, wieso ich diese Prozedur ausgerechnet jetzt mache. Wieso jetzt? Verschiedene Geschmackssensationen laufen in meinem Mund ab, die ich interessiert verfolge. Mal fühlt es sich so an und dann kurz danach wieder anders, aber es fühlt sich immer an, scheinbar ohne Ende.

Es klingelt und nach kurzer Zeit klingelt es wieder. Während ich aufstehe, verschwindet das Stück Brot in dem langen Schlauch. „Es existiert ein Ton und ein Aufstehen in diesem Raum," sage ich laut und gehe zur Tür.

Ruth huscht in mein Zimmer:

du, ich konnte die ganze Nacht nicht schlafen ...

was ist denn los? ... ist irgendwas passiert?

das wollte ich <u>dich</u> fragen ... hast du irgendwas? Wieso haust du einfach ab, wenn Helga da ist? Erzählst mir da deine unglaublichen Geschichten über Hunger und Essen und Seele und die alten Griechen ... und wenn Helga oder Jutta mich besuchen, dann haust du auch einfach ab. Was soll das eigentlich?

puh ...

ist das alles?

ja, kleinen Moment ... ich muß erst mal nachdenken. Ich habe gerade hier gesessen und kleine Brotstückchen in einen langen Schlauch getan ...

was hast du?

nein, nicht, was du vielleicht meinst. Ich selber kam mir so vor, als sei ich ein lan-

ger Schlauch ... mit Armen und Beinen dran ... und Kopf natürlich auch ...

spinnst du jetzt?

nein ... tut mir leid, bin jetzt wieder ganz normal. Du hast also eine Frage. Und jetzt bist du ziemlich aufgebracht und willst, daß ich sie beantworte. Aber ...

aber?

ich kann das nicht ... so wie ich deine Frage verstehe, gibt es keine Antwort.

du willst mir nicht antworten!

nein, das möchte ich schon, aber ich glaube, auf deine Frage kann es gar keine Antwort geben. Weil du meinst, mein Gehen hätte was mit deinen Freundinnen zu tun, aber das ist nicht so. Ich müßte mir was ausdenken, wenn ich das behaupten würde. Ich wäre auch ohne deine Freundinnen gegangen. Einfach ... einfach, weil es für mich bei dir nichts mehr zu tun gab. Und ich habe das als ziemlich bedrohlich empfunden und deshalb bin ich nach Hause gegangen, Fertig.

du findest das bedrohlich bei mir?

manchmal ja ...

das wird ja immer schöner!

was jetzt?

ach, hör´ auf.

bist du jetzt sauer auf mich?

ja ... was denkst du denn. Meinst du, ich finde das toll, was du mir da sagst ...

ach Scheiße!

was hast du denn jetzt? Ich bin die, die sauer sein darf. Du doch nicht. Für dich ist die Sache von gestern doch erledigt. Aber ich muß kucken, wie ich das Helga klarmache.

> **oh, ich könnte ausflippen und irgendwo gegen treten, mich macht das total fertig! Ich kann nicht auch noch auf Helga aufpassen! Ich will allein sein ... am besten wäre es jetzt, wenn du abhaust ...**

was?

> **los, hau ab ... laß mich alleine ... kannst am Nachmittag wiederkommen. So, und jetzt verschwinde!**

ich komme überhaupt nicht wieder!

Kaum ist dir Tür zu, wühlt sich bei mir die Verzweiflung hoch. Mein Bauch fühlt sich wie ein Vulkan an, ich weiß mit dem Gefühl nicht umzugehen. Ich laufe über einen langen Hausflur zu einem Gemeinschaftsbad und schütte kaltes Wasser auf mich. Mir ist fast so, als könnte ich mir dabei zuschauen. Eine absurde Situation. Irgendwo habe ich noch eine Flasche mit einem Beruhigungsmittel, ich zerreiße fast meine Taschen, weil mir das Suchen zu lange dauert. Endlich finde ich sie und trinke direkt aus der Flasche. Hatte der Studentenarzt mir nicht auch noch ein Beruhigungsmittel verschrieben? Wo ist das eigentlich geblieben? Er hatte mich eindringlich gewarnt, das Mittel würde süchtig machen könne und aus Angst davor, habe ich es dann gar nicht erst genommen. Irgendwo habe ich doch auch noch Valium, doch wo?

Während ich in meiner Uni-Mappe wühle, erlischt die Anspannung und ich atme tief durch. Mir stehen die Tränen in den Augen. Ich stelle die Klingel ab, schließe meine Tür zu und gehe ins Bett. Dort weine ich lange Zeit.

Nach dem Aufstehen, tut mir mein Körper überall weh. Irgendwann war ich mit diesem Beschwerdebild mal beim Arzt. Es gab aber keinen organischen Befund und damit fiel der Arzt als Helfer aus. Ich hatte mal in einem Buch gelesen, daß viele Japaner dann warmes Wasser trinken und genau das tue ich jetzt auch. Nach der zweiten Tasse fühle ich Linderung. Ich setze mich an meinen Schreibtisch und fange an, „das Prinzip Hoffnung" von Bloch zu lesen. Seine Sprache ist für mich mühsam, aber der Inhalt fesselt mich sehr. Fast alle

Bücher, die ich besitze, sind vom studentischen Flohmarkt und waren recht günstig. Ich habe sowieso kaum Geld.

Als ich mir meine Jacke überstreife, fällt mir auf, daß die eine Tasche eingerissen ist und ich kein Nähzeug habe. Trotzdem muß ich jetzt los, weil die Mensa nur bis 18°° offen hat. Mit der kaputten Jacke gehe ich los und auf der Straße habe ich das Malheur auch schnell vergessen.

In der langen Warteschlange vor der Essensausgabe der Mensa werde ich gleich angesprochen.

hallo Matthias ...

hallo ...

kommt Ruth noch?

keine Ahnung ...

wir wollen hinterher noch das Thesenpapier besprechen ...

ja, meinetwegen ... wo denn?

bei Jürgen ... aber mal sehen, wie der drauf ist ...

wieso denn? Hat er was?

wir waren gestern noch im „Delirium" und es ist ganz schön spät geworden ...

ihr alle?

ja, klar ...

du auch?

ja, klar ...

gleichzeitig?

ja, natürlich ...

und du bist okay?

ja, siehst du doch ...

und die Anderen? ... was ist mit Jürgen? wie geht es ihm?

du bist ja richtig besorgt ... na nu, so kenne ich dich gar nicht ... uns geht ´s gut ... ausgezeichnet. Vielleicht können wir uns ja mit dem Thesenpapier dort treffen ...

wo?

im „Delirium" ... da ist eigentlich immer ´ne gute Stimmung ...

ach, das ist ´ne Kneipe?

ja, warst du da noch nie?

nee ...

ach ja, stimmt. Du trinkst nicht. Na, dann hast du Pech ... willst du auch „Essen 2" ?

ja ...

zweimal die „2" bitte !

Ich drücke Hartmut meine Marke in die Hand, die er der Frau am Tresen gibt und nehme das Essen in Empfang.

Auf den dunklen Holzimitat-Brettern sieht das Essen auf den hellen Tellern irgendwie immer lecker aus. Wenn man es dann ißt, verfliegt der Eindruck zusehends.

Hartmut ißt mit Messer und Gabel, was ich auch tue.
Wir schweigen, während es um uns herum der Krach
und die Hektik immer mehr zunehmen.

ach kuck mal, wer da kommt ...
> **wo?**

da! ...
> **da wo die Tür ist oder wo? ... hier sind ja
> überall Leute ...**

wo schaust du denn hin ... da!
> **ich weiß nicht ... wo soll ich denn hinku-
> cken ... wer kommt denn da?**

na, die ist aber sauer ... da laß ich euch lieber allein.
> **bleib doch hier, wer denn?**

nee danke ... da habe ich keine Lust zu. Ich will
schnell los. Kommst du später noch ins Delirium? ...
> **ich trinke nicht ...**

brauchst du ja auch nicht ... also bis später dann ...
hallo Ruth, du kannst gleich meinen Platz haben, ich
muß sowieso gerade gehen. Also tschüß dann.

Hartmut und Ruth umarmen sich kurz, dann setzt
sich Ruth zu mir an den Tisch. Auch sie hat sich
„Essen 2" mitgebracht.

deine Jacke ist kaputt.
> **ja, stimmt. Ist mir eingerissen.**

wenn du heute abend zu mir kommst, mache ich sie
dir gleich heile. Willst du das?
> **ja, gerne. Darf ich bei dir auch schlafen?
> Der Tag heute war anstrengend und
> scheiße. Ich fühle mich körperlich fix und
> fertig.**

ja, klar. Meinetwegen auch in meinem Bett.

in deinem Bett? Und du?

ja, ich auch in meinem Bett. Meinst du, ich schlafe dann auf dem Sofa?

ja, weiß ich jetzt nicht. Keine Ahnung. Ich habe aber kein Schlafzeug dabei.

oh Gott, ist das schlimm!

wirklich?

ach, Quatsch ...

ich mag nicht mehr essen. Irgendwie habe ich gerade keine Lust mehr dazu.

ist das jetzt eine Anspielung?

auf was?

nee, dann ist ja gut. Mir schmeckt es. Diesen Kochkäse mag ich am liebsten.

wollen wir gehen?

wieso das denn?

mir wird es hier zuviel, ich muß ins Freie!

aber ich wollte eigentlich hier was essen ...

weißt du, wir nehmen dann den Kochkäse von meinem und deinem Teller einfach mit.

wie denn?

paß auf, ich rolle alles Eßbare einfach in die Serviette. Kuck mal ... und dann schlagen wir das hier so ein ... und schon ... ist das eine feste Sache. Fertig.

toll ...

ich würde gerne gleich los. Irgendwie muß ich hier raus. Und zwar ziemlich schnell. Wollen wir jetzt gehen?

bist du mir eigentlich noch böse?

weswegen?

wegen heute Nachmittag.

ach was ... ich hatte Probleme mit mir selbst ... nicht mit dir.

na, das klang aber nicht so harmlos.

laß uns gehen, komm ...

Die Tabletts mit dem Geschirr werden von vielen Studenten mit lautem Geklapper in die dafür bereitgestellten Rollwagen gestellt. Es macht einen Riesen-Lärm, da mehrere Studenten gleichzeitig an dem Rollwagen stehen und ihr Geschirr abstellen. Ich muß mich dabei sehr stark konzentrieren, damit keine Panik-Gefühle bei mir entstehen. Dann gehe ich los. Zügig. Draußen vor dem Mensagebäude fällt mir Ruth ein und ich drehe mich nach ihr um.

warum rennst du denn so?

entschuldige. Ich weiß auch nicht, irgendwie wurde es da drinnen so voll und laut und dann waren wir ja mit dem Essen sowieso fertig.

ich nicht ... und deswegen brauchst du doch nicht gleich so zu rennen.

ich gehe immer so ...

dann bleib jetzt mal stehen ...

okay ... gut so?

das ist manchmal ganz schön anstrengend mit dir, weißt du das eigentlich? ...

ja, ich bemerke das vielleicht anders als du, aber ich kriege das auch mit. Mir macht das auch keinen Spaß. Ständig dieses Ringen mit dem Unverständlichen oder gar Absurden. Ich finde das selbst tierisch anstrengend. Alles in Allem ist das auch wahnsinnig frustrierend.

wirst du jetzt etwa depressiv? Ich dachte du seiest Optimist. Egal, was passiert, du weißt immer einen Weg, der weiter führt. Aber scheinbar fühlst du gar nicht so.

nein, mir ist überhaupt nicht optimistisch zu Mute. Ganz im Gegenteil: ich spüre häufig, wie viel Glück oder gute Umstände ich bloß gehabt habe. Allein und ohne die wäre ich meist vollends gescheitert. Wenn mir das bewusst wird, fühle ich mich ziemlich frustriert.

ach du lieber Gott.

ich möchte hier nicht rumstehen, wollen wir jetzt zu dir nach Hause?

ja, können wir. Aber wolltest du nicht noch ins Delirium? Wegen deinem Thesenpapier? Ich meine, von Hartmut habe ich so was gehört.

nein!

aber irgendwann müßtest du doch dein Thesenpapier besprechen, oder?

ja, meinetwegen irgendwann. Ja, ein Thesenpapier sollte besprochen werden. Ja! Aber ich kann nicht. Ich kann da nicht rein! Ich will jetzt gehen! Und ich gehe ... jetzt!

warte ... warte auf mich. Ich komme doch mit. Wollte doch bloß nachfragen.

ja ...

was regt dich denn da bloß so auf? Ist doch alles ganz easy. Oder nicht?

nein ...

ich glaube, du machst dir das viel zu kompliziert ...

mag sein ...

zu mir geht es hier übrigens nach rechts. Oder wolltest du nicht mehr zu mir?

doch, wir können auch zu dir. Ich fühle mich hundeelend. Total kaputt. Ich muß schlafen ... vielleicht gleich ein paar Tage.

Wir kommen in ihrer Wohnung an. Im Augenblick ist kein Besuch da. Ich gehe schnurstracks ins Bad und wasche mir mein Gesicht kalt ab. Irgendwie wird mir aber trotzdem nicht so richtig frisch. Mein Kreislauf ist ziemlich weit unten. Ruth kramt in der Wohnung und räumt hier und da Sachen weg.

kann ich jetzt in dein Bett?

oh, ich bin aber noch nicht soweit. Willst du vorher duschen?

nein, ich will sofort schlafen ... ich kann nicht mehr.

ach so ... du bist also wirklich müde ...

ja, ich kann wirklich nicht mehr und wenn ich hier nicht schlafen kann, ich glaube, ich schaffe den Heimweg nicht mehr ... ich muß schlafen ... jetzt ...

ja, dann leg dich schon hin und dann schlafe schon mal. Für mich ist das noch ein bischen früh, ich mache dann noch was anderes.

Als ich am nächsten Morgen erwache, ist der Platz neben mir leer. Ruth ist also schon aufgestanden oder ist gar nicht ins Bett gekommen. In der Wohnung höre ich Stimmengeräusche. Ich muß erst mal überlegen, wo in dieser Wohnung das Klo ist, ziehe mich an und gehe dann dorthin.

Ihre vielen kleinen Utensilien sind im Bad ordentlich aufgestellt und irgendwie berührt mich ihre Sorgfalt. „Mit jedem Lippenstift ist ein Traum verbunden" geht mir durch den Kopf und lange betrachte ich still die vier kleinen Haarspangen auf der Konsole.

In der Küche sitzen Jutta, Ewald und Markus. Ewald ist schon ein paar Semester weiter und gilt unter uns als erfahrener Student in fast allen Fragen. Kaum bin ich in der Küche, schon spricht er mich an:

na, ausgeschlafen?
>**ja ...**
sag mal, pennst du nur oder studierst du auch?
>**habe jetzt mal lange geschlafen.**
>**Normalerweise mache ich das nicht.**
normalerweise schläfst du auch in deinem Bett oder?
>**ja ...**
Ruth mußte woanders schlafen ...
>**so? ...**
hast du gar nicht bemerkt, was?
>**nein ...**
aber sonst merkst du noch was, oder?
>**ja ... was denn?**

Alle lachen. Ich nehme mir eine Tasse aus dem Schrank und greife nach der Kaffeekanne. Sie ist aber leer. Ich stelle die Tasse wieder in den Schrank zurück.

hättest du das vorher gewußt, hättest du ja gleich mal neuen Kaffee aufsetzen können ...
>**das ist nicht meine Wohnung ...**
und auch nicht dein Kaffee ...

ich kann doch nicht einfach an ihre Sachen ...

aber an die Kaffeekanne ...

Wieder lachen alle. Irgendwie tut es mir leid, daß ich mich mit an den Küchentisch setzen wollte. Ich spüre einen Druck, aber ich weiß nicht, was die drei jetzt von mir erwarten. Ich setze mich auf den freien Stuhl. Und gleich stochert Ewald weiter:

da sitzt Ruth ...

nein, da sitze ich ... Ruth ist gar nicht da.

die kommt aber gleich und dann mußt du da weg ...

sie ist aber nicht da ...

aber gleich ... und dann musst du da wieder weg ...

warum sollte Ruth so unhöflich sein? Ich habe sie anders erlebt. Viel netter.

Nach einer Weile führen die drei ihr Gespräch fort, während mein Blick die Topinambur vom Markt entdeckt. Sie liegen säuberlich in einem kleinen Bastkorb neben anderem Gemüse. Mir fällt auf, daß die schwereren Knollen alle unten liegen, als sei es so gewollt.

Das Schloß der Haustür geht und Markus schaut auf seine Uhr, dann kommt Ruth rein.

na, fröhliche Runde? Hallo Matthias. Habe noch Marlies getroffen, haben ein bischen gequatscht. Ist noch Kaffee da?

nein ... alles schon ausgetrunken. Ich würde gerne einen Tee trinken ... hast du vielleicht irgendwas mit Kräutern da?

Ruth hat heute eine ausgewaschene Jeans an, sie setzt neues Wasser auf, holt die Kaffeekanne und bereitet alles vor. Dann stellt sie die Teekanne auf und hängt einen Beutel Tee hinein. Ewald ist aufgestanden und nimmt Ruth mit großer Gebärde in den Arm. Zweimal unternimmt er den Versuch, sie auch zu küssen, aber scheinbar mag Ruth jetzt nicht. Vielleicht sind zu viele Zuschauer da, denke ich. Sie löst sich aus der Umarmung und gießt den Kaffee auf.

du hast aber ganz süß geschlafen ...
>**ja? ... ich war gestern auch wahnsinnig müde ...**
ich auch, ich habe nur noch etwas aufgeräumt und bin dann auch gleich ins Bett ...
>**hast du noch ein Fremdenzimmer?**
nee, wieso?
>**die meinten hier, du hättest woanders geschlafen ... nicht in deinem Bett ...**
ach, die machen Witze. Wo soll ich mich denn sonst hinlegen?
>**ach so ...**
hier steht dein Tee ... Tassen sind da oben ...
>**ja, danke ...**
hier ist der Kaffee, bedient euch ... ich koche mal nebenbei ...

Der Tee riecht stark nach Heu. Jutta schaut mich schon das zweite Mal an. Ewald und Markus sprechen über eine Studentenvereinigung und Ruth hat einen Kochtopf auf die Herdplatte gestellt.
Nach einer Weile wende ich mich Jutta bewußt zu. Sie schaut hoch und ich beginne:

hast du eigentlich ein richtiges Bügeleisen oder bevorzugst du Wäsche, die man gar nicht bügeln braucht? Ich meine, es gibt ja diese modernen Fasern, die man nicht mehr bügeln braucht, aber die meine ich nicht. Normale Baumwolle ist ja immer noch der Stoff, der am meisten getragen wird. Weltweit!

ich habe auch noch viele Sachen aus Baumwolle, wieso fragst du?

ja, ich meine, es gibt ja Untersuchungen, die zeigen, daß die meisten jungen Frauen heute gar nicht mehr bügeln können. Das ist auch meine Beobachtung.

also ... ich kann noch bügeln ...

kannst du verschiedenen Stufen wählen? Ich habe mal gesehen, wie jemand 450gr schweren Seersucker mit Stufe zwei total glatt gekriegt hat. Das sah noch nicht mal kompliziert aus. Ich konnte ganz deutlich bemerken, daß der Stoff zuerst bloß warm gemacht wurde, also ganz ohne Druck. Einfach bloß mit Dehnung ... also daß die andere Hand immer so gezogen hat ....

also, worauf du auch achtest ... so etwas wäre mir nie aufgefallen ...

ja, so als ob eine Art Vor-Bügeln stattfindet. Ich nenne das tatsächlich Vor- und Hauptbügeln. Meist geht das direkt hintereinander. Ich finde das äußerst interessant, aber die meisten Bügeleisen gehen bloß nur noch an oder aus ... da ist das egal, ob die Hand zieht oder nicht ....

ja? ... meines kann ich einstellen ...

aber nutzt du auch die Einstellungen?

ich meine schon ...

ich würde das zu gerne mal sehen ...

was denn jetzt?

wie du bügelst ...

du spinnst ja jetzt wohl ...

Jutta lacht noch einmal laut auf und schüttelt den Kopf. Dann greift sie zu den Zigaretten und zündet sich eine an. Ich muß mehrmals schlucken und frage mich, warum Jutta mich so ablehnt, daß sie sogar behauptet, ich würde spinnen.

In mir wühlt plötzlich so eine Verzweiflung und mir kommen automatisch die Tränen. Schnell stehe ich auf und gehe ins Bad. Das kalte Wasser in meinem Gesicht erfrischt und wirkt beruhigend.

Ich setze mich auf den Badewannenrand und lese in einer Frauenzeitschrift. Die dargestellte Mode finde ich nicht ansprechend. Irgendwie sieht sie so künstlich aus. In der Werbung trinken die Darsteller häufig Alkohol, was ich total ungemütlich finde. Wieso muß dieser Mann ausgerechnet Alkohol trinken, wenn er zwei Frauen sieht, wobei die eine blond und die andere schwarzhaarig ist? Ich überlege, ob das generell bei Männern so ist und bei mir auch so sein sollte und ich das vielleicht noch nicht bemerkt habe. Aber ich verspüre weder Durst noch Hunger, wenn ich Ruth und Jutta gleichzeitig sehe. Ruth ist dunkelhaarig und Jutta blond. Mich macht diese Erkenntnis unsicher. Ich spüre im Bauch ein unwohles Gefühl als sei ich krank.

bist du da auf dem Klo?

nein, ich lese ...

im Bad?

ja ...

Die Anderen sind schon gegangen, du kannst dich zu mir in die Küche setzen. Willst du?

Ich lege alles beiseite und bin froh, daß es in der Wohnung ruhiger geworden ist. In der Küche hat Ruth angefangen abzuwaschen und ich helfe ihr.

sag mal, weißt du, ob Ewald oder Hartmut oder Andere vielleicht Durst bekommen, wenn sie dich mit Jutta sehen?

was?

ich meine jetzt gleichzeitig. Wenn sie euch gleichzeitig sehen. Dich und Jutta.

wie bitte?

ja, muß Ewald dann vielleicht auch Alkohol trinken? Hast du das schon mal an ihm beobachtet? Oder bei Hartmut? Oder bei anderen Männern?

oh, bitte nicht. Ich steige da nicht durch. Frag mich bitte was anderes, ja?

ja, okay. Ich habe das nur eben gelesen und das macht mich ganz unsicher. Irgendwie ist mir jetzt sogar ein bischen schlecht geworden.

dir ist schlecht geworden? Was hast du denn gelesen? Zeig mir das mal.

hier, schau mal ...

ja und? ... was ist damit? ... das ist Reklame.

ja, trinken Männer immer Alkohol, wenn sie zwei Frauen sehen? Ist das so? Sollte

**ich das auch? Ich habe darüber noch gar
nicht nachgedacht.**

Mann, das ist Reklame! Du Dussel!

**ach so. Du meinst, das stimmt also gar
nicht. Der tut also bloß so ...**

ja, genau ...

**er hätte also auch Zahnpasta essen kön-
nen, wenn er diese Frauen sieht?**

oh Gott, ja!

das ist vielleicht bescheuert.

sei froh, daß die Anderen das jetzt nicht mitbekom-
men haben. Die würden ja denken, du bist total blöde.

**ja, ich weiß ... ich hätte aber auch die An-
deren bestimmt nicht gefragt.**

aber mich fragst du so was, ja?

**ja, irgendwie habe ich so ein Vertrauen zu
dir. Ich weiß auch nicht, es war von Anfang an da. Zu dir. Ausgerechnet zu dir.
Ich habe darüber auch schon nachgedacht. Es ist für mich wie etwas ganz Au-
ßergewöhnliches, weil ich es ausgerechnet
zu dir empfinde. Und nicht zu einem x-
beliebigen Menschen. Sondern zu dir,
Ruth ...**

ja ... ja ... ja ...

was ja?

nimm mich lieber mal in den Arm ...

Ich nehme Ruth in den Arm und spüre, dass sie keinen Widerstand gibt. Ihre dunklen Haare kitzeln auf
meiner Stirn und ich muß unwillkürlich etwas zucken
und eine tiefe Sehnsucht erfüllt mich. Ich würde jetzt
gerne alles fallen lassen und schauen, was passiert.

Aber irgendwie habe ich das Gefühl, ich müßte trotzdem irgendwas machen. Ich weiß bloß nicht, was.

Huch ... die Kartoffeln!
was?

Ruth läuft in die Küche und nimmt den Topf vom Herd. Ich laufe hinterher. Es hat bloß gezischt, aber es ist noch nichts angebrannt. Mit einen Schwung öffnet sie das Fenster und lächelt mich an.

komm, setzt dich ... ich koche doch jetzt für dich ...
du kochst für mich?
ja ... siehst du doch ...
das kann man nur mit dem Herzen sehen,
würde der kleine Prinz jetzt sagen ...
stimmt ... und man sieht nur mit dem Herzen gut ...
ja, stimmt ...
ich würde es jetzt toll finden, wenn du dir
einen Rock anziehen könntest ...
einen Rock? Wieso? Findest du Röcke sexy?
weiß ich jetzt nicht. Aber ...
brauchst du nicht erklären ... ich mache das für dich
... bin gleich wieder da ...

Nach einer Weile kommt Ruth wieder in die Küche. Mit großen Augen schaut sie mich an. Sie hat sich einen kurzen Sommerrock angezogen mit einem hübschen Petit Fleur Muster.

gefalle ich dir so?
ja, natürlich! Ich glaube, jetzt geht das
Kochen viel leichter.
im Rock? Bist du sicher?

ja! Das gilt aber nicht generell.

sondern?

das liegt jetzt nicht am Rock. Der Rock ist nur zweitrangig, wenn überhaupt. Es ist nicht so, daß der Rock die wichtige Zutat oder die geheimnisvolle Würze ist. Aber ich glaube, heute wäre das ganz gut.

daß es dir hinterher auch schmeckt?

nein ... das hat auch damit nichts zu tun. Es ist auch gar nicht so wichtig, ob es hinterher schmeckt ...

für mich schon ...

ich meine, es kann ja auch ruhig schmecken ... aber mir geht es bei dem Rock um was ganz anderes ...

du findest mich darin sexy, ja?

nein, das hat damit auch nichts zu tun ...

dann kann ich ihn auch wieder ausziehen, oder?

nein! Du wolltest doch für mich kochen ...

ja ... und wieso muß ich da unbedingt diesen Rock anhaben?

ich weiß das auch nicht so genau, aber mir ist dann so, als fiele es mir leichter ... leichter, zu spüren, daß du für mich kochst ... oder kochen willst ...

was? ... aber was hat der Rock damit zu tun?

das weiß ich auch nicht so genau ... es ist halt so ...

du bist mir vielleicht so einer ... aber meinetwegen ... ich will eine Pilzsoße machen. Magst du so was?

kann sein ...

du kannst schon mal den Tisch decken ... zwei flache Teller und das schöne Besteck, was da noch eingepackt in der Schublade liegt.

ja, mache ich ...

machst du das nicht gerne? ... du klingst so ... irgendwie mißmutig ...

ja, ich weiß auch nicht. ich glaube, da baut sich schon wieder was in mir auf. Habe schon wieder so ein Bauchflattern ...

wieso denn schon wieder ... es ist doch gar nichts vorgefallen! Irgendwie kann man dir auch gar nichts recht machen ...

nein, nein ... nicht Schimpfen ... das ist doch schon sehr gut wie weit wir gekommen sind. Das liegt nicht an dir ... ganz bestimmt ...

glaube ich aber doch ... du kriegst doch bloß bei mir deine Anfälle ... irgendwas mache ich doch immer falsch ... weiß jetzt auch nicht mehr weiter ... mir ist jedenfalls der Appetit schon wieder vergangen ...

das wollte ich nicht ... ich muß mal auf's Klo ...

lesen? ... gerade jetzt? Mein Gott, ist das wieder kompliziert mit dir. Meinetwegen geh ins Bad, aber lies nicht wieder stundenlang ...

nein ... dauert nicht lange ... ich muß mal und lese nicht ...

Im Bad flattert meine Bauchdecke so heftig, daß ich mich fast übergeben muß. Wut und Enttäuschung machen sich breit und dieses Gemisch wandelt sich in ein Ohnmachtsgefühl. Mein Blutdruck fällt in den Keller und mir wird saukalt.

kannst du mir mal eine Wärmflasche machen?

ist dir schlecht? Das Essen ist gleich fertig ...

**ich brauche jetzt unbedingt eine Wärme-
flasche, hast du so was?**

ja, habe ich ... setzt dich, ich mache mal heißes Wasser ... was ist denn bloß wieder passiert? ich wollte
doch bloß für dich kochen ... ich denke, du wünscht
dir das immer so ...

ja ... laß uns später darüber reden ...

mir geht es gerade nicht so gut ...

dann wird das wohl auch nichts mit dem Essen ...

**laß uns später darüber reden ... ich fürch-
te, ich werde gleich ohnmächtig ... ich lege
mich mal hier auf den Boden ...**

tue doch die Beine hoch ... hier auf den Stuhl ... was
ist denn bloß mit dir? ...

**ich steige da selber nicht durch ... ich
weiß es nicht ... ich glaube, ich verstehe
im Augenblick gar nichts mehr ...**

hier hast du die Wärmflasche ... willst du dich nicht
lieber ins Bett legen?

ja, kann ich machen ...

Im Bett schlafe ich sofort ein. Es ist schon wieder
abends, als ich aufwache. Mir geht es wieder gut und
ich fühle mich normal. Ruth liegt neben mir und sieht
mich neugierig an:

wieder gut?

ja ...

was war denn nun wirklich? ...

**keine Ahnung ... ich fühlte mich plötzlich
so verletzlich ... und so enttäuscht ...**

ich habe mir doch auch Mühe gegeben ...

ja, das weiß ich ... das ist es auch nicht ...

ich muß mal darüber nachdenken ... mir

> **ist auf jeden Fall so, als ließe sich diese
> Enttäuschung gar nicht vermeiden ... als
> würde sie dazu gehören ... ich finde das
> schrecklich ...**

wenn ich koche, dann will ich doch niemanden enttäuschen!

> **ja, das weiß ich ... ich kann das auch nicht
> besser erklären ...**

und jetzt?

> **keine Ahnung ...**

komm mal in meinen Arm ... einfach so ...

ich rolle mich zu ihr hin und fühle ihren Arm um
mich. Ihre Wärme tut gut. Sie drückt ganz leicht
ihren Kopf an meine Wange. So liegen wir eine zeitlang ganz still.

ist es schön so?

> **ja, sehr ...**

sag mir mal was Schönes ...

> **ja, mache ich ... ich überlege ...**

wieso mußt du dazu wieder überlegen?

> **ja, sonst erzähle ich vielleicht was, was du
> gar nicht hören willst, was aber auch was
> Schönes ist.**

was denn?

> **für mich ist zum Beispiel die Vorstellung
> schön, dich in einer kleinen Raumkapsel
> mitten im schwarzen Kosmos zu treffen.
> Milliarden Kilometer von irgendwelchen
> Planeten entfernt. Aber genau dort treffe
> ich dich. Genau zu einem definierten
> Zeitpunkt. Ein ungeheurer Glücksfall!
> Genau zu einer bestimmten Zeit und ge-**

> nau an einem bestimmten Ort zu sein!
> Und genau dort treffe ich nicht irgendei-
> nen, sondern dich. Ich finde diese Vorstel-
> lung sehr schön ...

ich nicht ... um ehrlich zu sein.

> ich weiß, das war ja auch nur meine Vor-
> stellung. Etwas, was ich schön finde. Du
> möchtest sicherlich etwas anderes hören.

ja, sag mal was ... bitte

> ich mag dich ...

ach, das sagst du doch nur so ...

> nein, ganz ehrlich ... du siehst für mich
> auch sehr weiblich aus ...

meinst du? ... ich habe doch solche Kartoffelstamp-
fer-Beine ...

> was hast du? Wer sagt das?

eigentlich alle. Jedenfalls alle aus meiner Familie.
Mein Vater hat schon immer gesagt, daß ich lieber
keine kurzen Röcke anziehen soll, weil ich keine
schönen Beine habe.

> so? zeig mal, das habe ich noch gar nicht
> bemerkt. Stell dich da mal hin.

nein, nicht jetzt ...

> doch! mach das mal ...

nein, das ist mir jetzt unangenehm.

> doch, das muß man doch überprüfen!
> Das hätte mir doch auffallen müssen.
> Stell dich da drüben mal hin.

hier? ...

> ja, genau ... und dreh dich jetzt mal ...

und?

> nein, da ist nichts. Dein Vater spinnt.
> Wunderschöne Beine ... wunderschöner

Körper ... und sehr weiblich. Du bist wirklich schön!

so schön wie Jutta?

viel schöner. Jutta muß immer soviel Krach um sich herum machen und den brauchst du ja nicht. Los komm wieder ins Bett ...

Irgendwie habe ich das Gefühl, Ruth drückt sich noch stärker an mich als vorher. Sie tut mir leid, weil der Vater so eine bestimmte Vorliebe für dünne Beine hat. Er hätte wenigstens seine Aussage relativieren können. Jutta hatte mir mal erzählt, daß sie von ihrem Vater sehr geliebt wird und mehr als nur ausreichende finanzielle Unterstützung bekäme, weil er wolle, daß sie erfolgreich studieren kann.

Ruth muß sich viel stärker auf ihre eigenen Kräfte besinnen, denke ich so für mich und gleich fühlt sie sich in meinem Arm noch viel schöner an.

weißt du eigentlich, wie intelligent du bist?

wie meinst du das?

so wie ich es gesagt habe ... intelligent ... ich spüre jedenfalls viel Intelligenz in dir. Die zeigt sich ja immer dann, wenn es mal nicht weitergeht. Wenn alles glatt läuft, braucht man ja keine Intelligenz. Wenn die Umstände gut sind, braucht man überhaupt keinen Kopf, um sich gut zu fühlen oder zumindest ein angenehmes körperliches Gefühl zu haben. Man darf dann alles Mögliche in sich hinein stopfen und kann entspannen. Dazu sind über-

haupt keine Gedanken nötig. Eigentlich gar nichts. Die guten Umstände regeln das alles. Es gäbe für einen selbst dann vielleicht weder Gründe, noch Ziele. Der Umstand zwingt uns Wohlgefühl auf. Wenn zum Beispiel der Vater von Jutta stirbt, muß Jutta sofort umdenken können. Für sie ist dann vielleicht der einzige zwingende Grund des Wohlfühlens verschwunden. Aber statt sich bloß wohl zu fühlen, kann man zum Beispiel dabei auch Ziele verfolgen, die die Intelligenz noch mehr steigern, was wiederum zur Folge haben kann, daß man sich noch länger wohl fühlt. Und irgendwie habe ich häufig solche Überlegungen, wenn ich dich sehe oder auch jetzt, wo du in meinem Arm liegst.

wir liegen noch eine lange Zeit eng bei einander und reden über uns und die Welt. Dann schreckt uns ein Klingeln auf.

ach Mist, der Wecker!
was? ist schon wieder morgens?
oh, war das schön! ... wir haben die ganze Nacht so schön beieinander gelegen und miteinander geredet ... oh, war das schön! ... jetzt stehe ich auf und mache uns ein Frühstück, ja? ... willst du zuerst ins Bad oder darf ich?
mach wie du willst ...
magst du morgens ein Ei? ... gekocht oder gebraten?
Ruth, tu mir einen Gefallen ...
ja gerne ... was denn?

frag mich nicht ständig, ob ich was mag. Für mich ist das nicht so wichtig, wirklich nicht ...

ist dir egal, was du ißt?

nein, egal ist das nicht. Aber wenn du mich zum Frühstück einlädst, dann ist es egal. Zum Frühstück eingeladen zu werden, ist für mich sehr schön ... egal, was es da zu essen gibt. Und egal, ob ich das mag. Wenn ich etwas aus irgendeinem Grund wirklich nicht essen könnte, dann wäre es für mich trotzdem schön, von dir eingeladen worden zu sein.

aber am Frühstück ist doch nichts Besonderes.

ja, stimmt. Am Frühstück selbst ist nichts Besonderes. Aber es wäre für mich sehr besonders, wenn du mich zu deinem eigenen Frühstück einladen würdest. Das wäre für mich nicht nur sehr entspannend, sondern auch sehr innig.

ein Frühstück nennst du innig?

ja, mir ist so, als könnte ich dich dann viel stärker fühlen ... dich spüren ...

was?

klingt ulkig, oder? Aber meine Erfahrungen sind so ...

Ruth geht ins Bad und ich in die Küche. Dort steht in den Töpfen noch das Essen vom Vortag und ein gedeckter Tisch. Ich überlege, was jetzt zu tun ist. Der gedeckte Tisch erscheint mir heute steif und bedrohlich. Jeder Gegenstand fügt sich in keine Struktur und steht hier lose rum. Diese Unordnung fühlt sich nicht gut an. Sie erscheint mir wie ein Eindringling, der Zerstörung will. Ich räume ihn aus diesem Grund einfach ab. Ich möchte in dieser Unordnung nicht sein, sie erscheint mir falsch.

du kannst ins Bad ... ich mache hier weiter. Soll ich jetzt so machen, wie ich denke? Also einfach ein Frühstückstisch, so wie ich ihn mir vorstelle?

ja, ich weiß nicht, was du jetzt genau meinst. Wir müßten es einfach ausprobieren. Am besten, du stellst dir was vor, wo ich nicht drin vorkomme, dann wird es meist keine Katastrophe...

aber wir wollen doch zusammen frühstücken ...

dann stell dir vor, ich würde auf deinem Platz sitzen und von deinem Teller essen ... ich weiß auch nicht, wie ich das erklären kann ... ist schon ziemlich schwierig ... und wenn wir hier noch lange so reden, habe ich Angst, daß es hinterher wieder völlig daneben wird.

ich weiß was ... vielleicht meinst du ja das: ich decke zweimal für mich, ja?

ja! ... das ist gut ... das mache bitte. Das ist schön, wenn deine Intelligenz durchblitzt!

Ruth bekommt einen Kuß und ich gehe ins Bad. Mich im Spiegel betrachtend stelle ich fest, daß ich wieder mal nichts dabei habe. Weder Kamm, noch Zahnbürste und auch kein Rasierzeug. Aber woher hätte ich denn wissen können, daß ich solange bei anderen Leuten bin? Mich machen diese Gedanken so unsicher, daß ich jetzt gar nicht mehr weiß, was ich hier im Bad benutzen kann. Ich stehe eine zeitlang regungslos da.

„Du kannst mein Handtuch nehmen. Das ist das rotweiß Gestreifte," höre ich die Erlösung. Ruth hat intuitiv genau das Richtige zum richtigen Zeitpunkt gerufen. Ich greife nach dem Handtuch als sei es die Rettung für alle Zeiten.

Nachdem ich im Bad fertig bin, gehe ich zur Küche. Ich weiß, daß ich nicht an der Tür klopfen brauche, mir ist aber danach. Ich tue es heute trotzdem nicht.

na, da bist du ja ... hast du geduscht?

nein ... nur gewaschen ...

du kannst aber ruhig auch duschen ...

ich weiß, aber ich fühle mich nicht danach ...

magst du nicht duschen?

bitte! ... hör auf damit. Meinetwegen mag ich auch duschen, aber mir ist deine Wohnung viel zu fremd dafür, um hier irgendwas zu mögen.

na ja ... auf jeden Fall ist das Frühstück fertig. Du kannst dich setzen, wo du magst.

kannst du mir nicht einfach sagen, wo mein Platz ist?

hier!

danke ...

hier ist Tee, ich gieße gleich ein ... bitte schön ...

danke ...

ich traue mich jetzt gar nicht zu fragen, was du essen möchtest.

du brauchst doch auch gar nicht zu fragen ... ich kann auch selber fragen, falls

das nötig wird ... ich würde jetzt gerne nur zuschauen ...

mir beim Essen zuschauen?

nein, dem Frühstücktisch zuschauen ... wenn du achtsam bist, dann siehst du, wie er sich jetzt ständig verändert ... aber das macht er nicht von sich aus ... das sind alles Auswirkungen von dir ... die Margarine steht jetzt ganz woanders und bildet mit dem Käse und dem Brot ein gleichschenkeliges Dreieck. Dein Messer bildet mit der Vase und dieser Serviette eine Trennlinie. Diese Linie trennt den Tisch in zwei Teile. Die Gesamtlänge des Tisches verhält sich zu dem größeren Teil, wie der größere Teil zu dem kleinerem Teil.

oh ...

das nennt man auch den goldenen Schnitt. Wir Menschen empfinden ihn als sehr harmonisch und mögen ihn. Man kann den goldenen Schnitt nicht nur sehen, sondern auch hören. Das nennt man dann ...

stop! Nicht soviel auf einmal! Das macht mich ganz wirr ...

kuck mal, wie du den Arm hältst ... das ist zum Frühstückstisch harmonisch ...

habe mir aber nichts dabei gedacht ...

deshalb ja ... wenn man darüber nachdenkt, dann kommt meist nichts Harmonisches dabei raus ... das ist jedenfalls meine Erfahrung ... aber auch die Intuiti-

on ist keine Garantie für Harmonie, aber sie ist dann wahrscheinlicher.

fallen dir solche Harmonien ständig auf? ... also auch auf der Straße und so? ...

ja, meist fallen mir aber die Unregelmäßigkeiten schneller auf als Harmonien. Vielleicht weil das störende Gefühl einfach krasser ist.

soll ich jetzt weiteressen?

ja, und jetzt komme ich dazu. Das ist ganz interessant, wie wir jetzt an diesem Tisch zu dieser Zeit ganz intuitiv gewisse Harmonien und auch gewisse Disharmonien legen ...

beschäftigt dich das sehr? ... ich meine, du kommst ja vor lauter Beobachtungen zu gar nichts Anderem mehr.

ich glaube, wir alle beobachten und empfinden solche Phänomene. Nicht nur ich. Wenn ich eine sehr schrille Stimme hätte, würdest du auch unangenehme Empfindungen haben und es würde dir extrem auffallen ...

ja, stimmt ... ich mag deine Stimme so wie sie ist ...

kuck mal, die Margarine steht jetzt so, daß sich mit der Vase und dem Brotkorb und deinem Teller ein Quadrat bildet. Auch ein Quadrat empfinden wir sehr harmonisch. Ich mag heute sehr gerne mit dir hier zusammen sitzen ... was jeder andere auch sehen könnte, wenn er aufmerksam schauen würde. Aber auch du scheinst es zu mögen ...

ja, stimmt ... ich glaube, ich verstehe dich immer besser ... irgendwie auch witzig, daß das so ist ... ich esse jetzt mein Klopf-Ei ...

ja, wenn ich darüber spreche, dann tun die Leute meist so, als würde ich ihnen etwas völlig Neues oder Fremdes erzählen. Manchmal glaube ich auch selbst daran. Dann spüre ich so eine Art unerträgliche Verantwortung. Mir ist dann so, als würde die Welt jeden Moment zusammenbrechen, wenn ich keine Lust mehr habe, mitzuspielen. Als würde sie mich nicht halten können. Als gäbe es nichts, was mir Stabilität geben könnte. Als sei ich gezwungen, die Welt jeden Augenblick neu zu erfinden. Das sind dann ganz schlimme Momente.

oh, das glaube ich dir. Mir ist jetzt ganz kalt geworden. Ich glaube, ich würde verrückt werden, wenn ich das so wie du spüren müßte. Ich hole mir mal schnell was zum Überziehen. Du hast heute morgen aber wieder mal Geschichten ... puh ...

ist das Ei weich?

was? ... ja! ... ich ziehe mir nur mal was über ...

ja, mach das ...

sag mal, hast du das immer? ... ich kenne niemanden, der da irgendwelche Harmonien auf dem Frühstückstisch sieht ... ist das bei dir immer? ... den ganzen Tag?

ja, und jetzt finde ich, daß du sehr hübsch aussiehst und gleichzeitig sehe ich aber auch, daß deine beiden Busen mit deinem Kinn ein gleichschenkeliges Dreieck bilden. Dazu kommt die schöne Oberflä-

100

chenstruktur von deinem Pullover, die schöne Farbe ... und dann, das ist das Allerwichtigste, deine Art in genau diesem Moment. Alles zusammen fühlt sich toll an. Ich glaube nicht, daß jemand das anders empfinden würde. Wunderschöne Harmonie.

das ist doch bloß ein oller Pullover ... vier Jahre alt ... gar nicht mehr modern.

ja, mag sein. Ich glaube auch nicht, daß ich „modern" mag. Ich glaube, ich kann mit „modern" nicht ganz so viel anfangen. Dazu gibt der Begriff zu wenig her. Modern hat was mit dem Gefühl der Zeit zu tun, mit einer Vereinbarung, die nicht durch Logik zustande kommt ... modern kann mal dies und dann mal das sein. So ähnlich ist auch die Problematik bei Ethik und Moral, wobei die Moral ...

stop! ... ich will frühstücken, du bist hier nicht in der Uni.

ja, stimmt ... weißt du, wie spät es ist? Um 9:30 soll ich in der Uni sein.

ja, es ist kurz nach acht, du hast also noch viel Zeit.

ja, stimmt ... wir können uns noch Zeit lassen ...

sag mal, was machen wir mit dem Mittagessen? Wann bist du heute mit der Uni fertig? Hoffentlich nicht erst abends. Das Essen ist wirklich lecker. Das solltest du dir nicht entgehen lassen ...

das glaube ich dir, aber ich habe keine Lust, mich nur wegen eines Geschmacks solchem Streß auszusetzen. Ich verzichte dann lieber auf den Geschmack.

bitte nicht sauer werden. Es war wirklich ganz lieb gemeint.

ja, dann hör auf mit dem lecker und so.

und wenn ich heute noch mal doppelt für mich decke? Und es gibt Mittagessen? Würdest du dann vorbeikommen? Und mich hier in meiner Küche besuchen?

ja, das ist eine gute Idee. Ich schaue mal nach, wann die Vorlesung zu Ende ist ... warte mal ... hier, 14 Uhr ist Schluß, dann bin ich um Viertel nach zwei hier, ja?

ja, gut ... ich freue mich ... wollen wir für eine halbe Stunde noch mal ins Bett?

schlafen?

nein, kuscheln ... ja?

ja, okay ...

In der Uni treffe ich Hartmut. Er hat mir einen ausgefüllten Belegbogen mitgebracht.

hier ... du brauchst nur noch deinen Namen und deine Matrikel-Nummer einsetzen.

oh ... danke. Ich weiß auch nicht, irgendwie kann ich mich ganz schlecht in diese Verwaltungsarbeit der Uni eindenken. Vielleicht bin ich auch zu sehr mit anderen Sachen beschäftigt. Ich weiß es einfach nicht. Jedenfalls danke dafür ...

ja, ich merke das schon. Hast du irgendwie Streß? Vielleicht zu hause mit deinen Eltern?

Streß? Keine Ahnung, ich kann wenig mit meinem Elternhaus anfangen. Dort geht man andere Wege. Ich glaube, ich habe keinen Streß damit. Aber irgendwie steige

ich durch das Geschehen nicht durch und meine ständigen Versuche rauben eine Menge Energie. Mir ist so, als sei das Scheitern schon vorher festgelegt worden, nur eben, daß ich davon noch nichts weiß. Die Gespräche mit meiner Mutter sind vergeblich, trotzdem versuche ich es ständig wieder. Sie gibt mir keine Unterstützung, weder materiell noch ideell. Und irgendwie will ich das wohl noch nicht wahr haben.

und Ruth?

keine Ahnung ... wie meinst du denn das?

na, daß die Ruth dich mag, merkt doch wohl jeder ...

so? ... tut sie das?

ja, klar ... tu doch nicht so ...

ich tue gar nicht so ... ich finde es manchmal ziemlich anstrengend mit ihr, da wäre ich lieber alleine ...

anstrengend? Was ist denn daran anstrengend? ... die ist doch lieb und nett ...

ja?

spinnst du jetzt?

nein, ich bin ganz ehrlich. Ich weiß meist nichts mit ihr anzufangen. Trotzdem besuche ich sie ganz gerne in ihrer Küche ...

du kannst mit ihr nichts anfangen? Und wie redest du denn? Was ist denn das für eine Sichtweise? Du besuchst sie in ihrer Küche?

ja ...

wer spricht denn so?

ich ... ist das nicht richtig?

na ja, ich meine, das ist schon richtig, aber das klingt ja, als seiest du irgendwie ... irgendwie daneben. Verstehst du, was ich meine?

nee, nicht ganz richtig ...

Mann, bist du denn gar kein bischen verliebt? Ich würde halb durchdrehen, wenn mich eine Frau so anschaut.

so? wie schaut sie denn?

na ja, wenn du es nicht merkst, dann ist es vielleicht auch egal. Aber eins will ich dir noch sagen, achte bischen mehr auf Ewald. Der hat seine Finger schon lange nach ihr ausgestreckt und dann bist du die Ruth los. Der läßt die bestimmt nicht wieder gehen. Der nicht!

Ewald und Ruth? Mögen die sich denn?

mein Gott, bist du naiv. Das kann dir doch egal sein. Wenn du Ruth haben willst, dann paß mal bischen besser auf.

Hier schreib mal deinen Namen und Matrikel-Nummer drauf. Ich will das gleich mit abgeben. Dann ist das schon mal erledigt.

Willst du von Satre „der Idiot" haben? Ich habe es doppelt.

ja, gerne. Wollen wir darüber mal sprechen? Ich habe von Satre eine Menge gelesen. Manches verstehe ich nicht, besonders wenn er politisch wird. Vielleicht reflektiert er aber auch nur die französische Politik und die kenne ich nicht so genau.

wir hören jetzt was über Augustinus, hast du dich vorbereitet?

ja, habe ich. Laß uns vorne sitzen. Ich würde den Professor ganz gerne mal was dazu fragen ...

Die Vorlesung war schon 10 Minuten früher zu Ende und auf dem Rückweg kaufe ich noch ein paar Blumen. Da ich kaum Geld habe, sind es bloß drei Stück. Ich weiß, daß Frauen Blumen mögen, aber ich selber mag Blumen auch und hoffe, daß Ruth diese drei Blumen gefallen.

oh, du hast ja Blumen mitgebracht! ... oh wie wunderschön!

ja, ich mag das Blau sehr. Und ich dachte, die gehören heute mal dazu ...

los komm rein ... du bist ja pünktlich ... ich stelle sie gleich mal in eine Vase ... kannst dich schon in die Küche setzen ...

ja, mache ich ...

oh, kuck mal ... so sehen sie schön aus ... und die stelle ich uns gleich hier so auf den Tisch. Los setz dich ...

wo?

hier ... hier ist dein Platz. Wie war die Vorlesung?

ach, egal ...

hast du Hartmut getroffen?

ja, habe ich ... sag mal, magst du Ewald?

wie meinst du denn das?

ja, magst du ihn? Würdest du gerne mit ihm zusammen sein?

na ja, ich finde ihn nicht unattraktiv, aber ich glaube, der will jede Frau. Dann muß ich sein Werben nicht so ernst nehmen ... wieso fragst du?

Hartmut hat mir erzählt, Ewald würde gerne mit dir zusammensein ... deshalb ...

ach nee, da mach dir mal keine Gedanken. Schön, daß Hartmut dir das alles erzählt. Aber hast du das nicht selber auch gemerkt?

was denn?

daß Ewald ständig in meiner Nähe ist und Kontakt haben möchte?

nee ... aber daß er in deiner Nähe ist, ja ... ich dachte, er ist vielleicht dein Freund und ihr geht schön länger zusammen oder er gehört irgendwie zu dir ... wie ein Bruder oder so ...

ach Quatsch!

ja, ich dachte ...

so, ich habe das Essen heiß ... wie soll das nun ablaufen?

ja, mach so wie du willst, aber laß mich außen vor.

wie? Du bist Hauptperson! Ich habe doch für <u>dich</u> gekocht.

oh, bitte nicht. Das geht gleich wieder schief. Laß es bitte ...

das finde ich aber jetzt gar nicht so witzig ... was soll denn das?

das ist auch nicht witzig. Du hast gekocht, okay. Jetzt sitzen wir hier und wollen das aufessen. Für mich reicht das, ich brauche nicht noch mehr Aufträge. Es reicht vollkommen.

mir aber nicht! Ich möchte auch noch eine schöne Stimmung.

mach dir bitte die Stimmung ohne mich. Was du Stimmung nennst, ist für mich totales Durcheinander! Ich weiß dann ü-

**berhaupt nicht mehr, wieso wir hier ü-
berhaupt zusammen essen wollen!**

ja, Entschuldigung. Es soll für dich kein Streß werden, wenn ich mal für dich was mache. Also, ich tue
mir jetzt was auf.

danke!

das Gemüse ist vom Markt, ich habe das nur geputzt
und gegart ... so wie ich es mag.

willst du mir einen Gefallen tun?

ja, was denn? Aber nichts Kompliziertes bitte.

kriege ich jetzt deinen Teller?

aber ich habe doch schon darin rumgestochert ...

egal ... ja?

na gut ... hier bitte. ich weiß aber nicht, was das soll.

**ich mag das sehr ... für mich wird es da-
durch leichter, dich zu spüren ...**

wie bitte?

**laß uns nicht darüber diskutieren, nimm
es einfach so hin. Du hast mir damit eine
Freude bereitet. Das ist doch schön ... mir
schmeckt es übrigens ...**

so? ... na gut. Das freut mich.

**es ist doch interessant, wie sehr eigentlich
alle Sinne am Essen beteiligt sind. Es geht
eigentlich gar nicht so sehr nur um das
Schmecken. Obwohl das meist behauptet
wird. Man fragt ja auch „Schmeckt es?"
Dabei sind die anderen Sinne am Vorgang
„Essen" ebenso beteiligt.**

so?

**ja, stell dir vor, diese Karotte hätte durch
Lebensmittelfarbe einen leichten Blau-
schimmer. Sie wäre genauso lecker und
gesund wie vorher, aber unser Auge wür-**

**de Alarm schlagen. Oder stell dir vor,
wir würden jedesmal, wenn wir mit der
Gabel in so ein Stück Topinambur piek-
sen einen kleinen schrillen Ton hören ...
na ja, und so weiter ... ich bin schon wieder am Denken, Entschuldigung ...**

ja, laß uns essen ... mir schmeckt es auch besonders
gut ...

**ja, stimmt. Die begleitenden Umstände
sind gerade ausgezeichnet für uns.**

Das Essen mit Ruth ist gerade eine streßfreie Zeit für
mich, mein Körper entspannt. Unwillkürlich gähne
ich. Ich beobachte das Bild des Essens. Zu gerne
wäre ich jetzt aufgestanden und hätte sie in den Arm
genommen, aber meist entzündet das immer ein
Nachspiel, was ich im Moment nicht will. Also laß
ich es.

denkst du wieder?

**ja, tatsächlich ... aber mehr so ganz inner-
lich ...**

ja, warum starrst du dann immer so?

**ja? Dann schaue ich besser mal nach oben
und jetzt nach rechts ... besser so?**

mach keinen Quatsch ...

**ich habe darüber nachgedacht, ob ich
dich jetzt mal in den Arm nehmen sollte.
Einfach so.**

ja klar, mach das doch ...

**aber ich möchte dich nur in den Arm
nehmen ... an was anderes denke ich jetzt
nicht ... manchmal brauche ich einfach so
ein Anfassen ... fast so, als müßte ich mich**

> **vergewissern, daß du keine Fata Morgana bist ...**

ach du lieber Gott ... wieder so was Kompliziertes ...und was muß ich dabei machen?

> **gar nichts ... am besten gar nichts ... aber das ist doch gar nicht kompliziert. Ich finde es super einfach. Wenn du gar nichts machst, machst du auch nichts falsch ... ist also ziemlich einfach.**

na gut ...

Ruth setzt sich ganz gerade hin und macht vorsichtig die Augen zu. Und ich umgreife sie mit beiden Armen. Ich spüre den warmen Gegenstand, der mich beim Essen neugierig machte. Dieser warme Gegenstand ist ein lebendiges DU, gerade hier und in diesem Augenblick in der Unendlichkeit des Weltraums. Dieses lebendige DU bewegte das Bild des Essens und nun greife ich mit beiden Händen nach ihm und spüre dieses Lebendige. Wie warm es doch ist.
Nach ein paar Minuten lasse ich los. Ruth springt fröhlich auf:

ich mache uns jetzt einen Nachtisch ... zweimal für mich ... paß mal auf ...

> **ja, das ist gut ... das mach mal ...**

oh, ich muß dazu Schlagsahne essen ... willst du die machen?

> **hast du einen Mixer und so eine Rührschale?**

gebe ich dir ... warte mal ... hier ...

> **den ganzen Becher?**

ja klar ...

> **ohne Zucker?**

ja ... da kommt ja noch ganz viel Süßes rein, da kann die Schlagsahne pur sein ...

okay ... dann geht´s los!

Während ich die Schlagsahne mache, kramt Ruth alle möglichen Kekse und Süßigkeiten auf den Tisch. In zwei große Gläser werden nun die Leckereien gefüllt, ganz sorgfältig. Schicht für Schicht. Ruth ist dabei ausgelassen und fröhlich. Ich mag sie gerne dabei beobachten, wie sie für mich immer lebendiger wird.
Am liebsten würde ich sie jetzt wieder in den Arm nehmen und dann in meinen Armen dieses warme Lebendige spüren, was sich ganz sanft an mich heran drückt. Aber im Augenblick schlage ich Sahne.
Ich komme mir ein wenig wie auf dem Mond vor. Ungläubig staunend, wie da vor mir ein Etwas immer wärmer und wärmer wird und sich dann wie ein lebendiges DU spüren läßt. Ich stelle die Schlagsahne weg und greife nach Ruths Arm. Es ist wieder das Gefühl von Gewißheit und Wärme. Es ist wunderschön.

ich mag am liebsten richtig viel Schlagsahne ...

das sieht man ...

bin ich dick?

nein ... ich meine, das sieht man an den Gläsern ...

okay, dann nehme ich jetzt die beiden Gläser und setze mich mein Zimmer. Wenn du Lust hast, kannst du ja mitkommen.

ja, mache ich ....

kuck mal, hier ist mein Kuschel-Platz ... hier sitze ich am liebsten ... das ist jetzt dein Platz. Los, setzt dich da hin. Du kannst auch aus meinem Nachtisch-Glas

essen. Die Schlagsahne habe ich oben drauf mit echtem holländischen Kakao bestreut ... oh, super lecker!
stimmt ... ganz bitterer Kakao ...

Wir sitzen in Ruths Zimmer in ihrer Kuschelecke und essen Nachtisch. Mir ist unglaublich wohlig. Ich sitze auf ihrem Kuschel-Platz und esse aus ihrem Nachtisch-Glas. Mein Körper entspannt und wird müde. So im Halbschlaf merke ich, wie Ruth eine Decke auf mich legt und dann vorsichtig mit darunter kriecht. Vorsichtig drückt sie sich an meine Seite. So machen wir heute unseren Mittagsschlaf.

Die Türklingel läutet und Ruth eilt zur Haustür. Bald darauf höre ich Stimmengewirr, vermutlich ist Ewald mit ein paar anderen Leuten gekommen. Sofort ist mein Puls beschleunigt. Ich kann mich nicht so schnell entscheiden, ob ich schnell aufstehen oder mich in der Decke verkriechen soll und schon steht der Besuch in der Tür:

Sieh mal an, der Matthias sitzt hier ... hier schlägst du dich also rum ...
was denn?
spannt uns hier die Frauen aus ... na so was ... das haben wir aber gar nicht gern ...
ich habe hier mit Ruth Nachtisch gegessen ... ich spanne keine Frauen aus ...

Aber kaum das Ewald weiter sprechen konnte, ruft schon Ruth: „Wir sitzen in der Küche, der Kaffee ist auch gleich fertig!"
Aus der Erfahrung gelernt, gehe ich gleich in der Küche und setze mich auf den ersten freien Stuhl.

Danach kommt Ewald gelassen in die Küche und schaut in die Runde. Dann geht er zu Ruth und umfaßt sie. Seltsamerweise möchte sie das wieder nicht und entzieht sich seiner Umarmung. Nun kommt er hier rüber zum Tisch. Mir fällt auf, daß die Trennungslinie zwischen Hemd und Hose seinen Körper in idealer Weise teilt, was ich nur selten bei Männern beobachten konnte. Die Strecken vom Bauchnabel zur Schulter, dann die Strecke zwischen beiden Schultern und zum Bauchnabel zurück bilden ein gleichseitiges aufrechtes Dreieck. Es sieht wunderschön aus. Mitten in meiner Betrachtung höre ich ihn plötzlich mich laut ansprechen:

glotzt du immer so ... oder willst du was?
nein, ich kucke immer so ...
dann glotz mal woanders hin ...
okay ... mache ich ... ich glaube, es ist besser, wenn ich dann nur mal so auf den Tisch schaue ...
willst du mich jetzt noch verarschen?
nein, das will ich auch nicht ...

Ich mag solche Gespräche nicht und weiß nicht, wie ich das ändern kann. Während die anderen Zwei still sind, schaltet sich Ruth ein:
„wenn du schlechte Laune hast, mußt du damit nicht extra zu mir kommen, Ewald. Jetzt trinkst du erst mal ´ne Tasse Kaffee und dann will ich ein anderes Thema. Barbara will auch noch kommen, wir haben die Vorschau von dem Film „Koyaanisqatsi" gesehen und würden da gerne reingehen. Hat jemand Lust mitzukommen?"

112

Es entsteht eine rege Unterhaltung. Ab und zu faßt Ewald den Stand der Unterhaltung zusammen. Das Bild des Kaffeetisches wechselt von einer Disharmonie zur Nächsten. Als ich aufstehe, fragt mich Ruth ganz direkt:

mußt du auf ´s Klo?
ja ... ziemlich dringend ...
kannst dich auch in mein Zimmer setzen ...
danke ...

Ohne Umwege gehe ich gleich in ihr Zimmer und setze mich in ihre Kuschelecke. Mir ist dabei völlig selbstverständlich, was mich zutiefst wundert.
An ihrer Wand hängen fünf unterschiedlich große Bilder in ihren auch unterschiedlichen Rahmen. Das Größte zeigt einen gemalten Rosenstrauß. Die fünf Bilder sind wunderschön angeordnet. Sie sind perfekt ausgewogen. Ihr Anblick entspannt meinen Körper enorm. Während ich sie betrachte, durchströmt mich ein friedliches Gefühl. Unwillkürlich lächele ich.

Aus der Küche höre ich aufgeregte Stimmen. Eine davon klingt mir neu. Vermutlich gehört sie zu der, mit der Ruth ins Kino will und die ich noch nicht kenne. Ich mache zweimal den Anlauf in die Küche zu gehen, frage mich aber, was ich dort möchte. Mir fällt nichts ein. Und so kehre ich wieder zu meinem Sitzplatz zurück und verweile in der Betrachtung der schönen Bilderanordnung.
Dann kommt plötzlich Ruth herein und ich erschrecke mich. Hinter ihr steht eine Frau mit schwarzen langen Haaren.

das ist Barbara ... und das ist Matthias.

hallo ...

sag mal, hast du Lust mitzukommen? Wir wollen jetzt ins Kino. Die Anderen haben dazu keine Lust, weil ihnen der Film zu experimentel vorkommt. Aber du kennst ihn ja, hast ja auch schon die Vorschau gesehen ...

ja, ich weiß jetzt nicht ... jetzt gleich?

ja ...

dann nein ...

und später?

warte mal, ich kann das nicht so schnell!

ich lade dich auch ein ... bitte ... nur mit Barbara und mir ... ich gehe nicht so gerne allein als Frau ins Kino ... ja?

ich weiß aber auch nicht, wie man mit zwei Frauen ins Kino geht ...

du brauchst bloß mitkommen, das ist schon alles ... ach, bitte!

ja, okay ... ich komme mit ... nur wenn es im Kino zu doof ist, will ich rausgehen können ...

nein, das ist es bestimmt nicht ... der Film ist gut!

ich meine, wenn es im Kino doof wird, will ich gehen ...

okay ... darfst du auch ... wir gehen dann auch, ja?

Ich ziehe mir die Schuhe an, streife mir die Jacke über und schon geht es los. Mir wäre es lieber, ich würde hinter ihnen gehen, aber Ruth hat mich nach rechts außen gedrängt und mich auch angefaßt. So gehen wir Hand in Hand. Ab und zu winken die beiden irgendwelchen Leuten zu und rufen „hallo".

114

du kannst ruhig auch grüßen ...

**ja, das mache ich auch normalerweise ...
aber ich habe niemanden erkannt. Aber
ich kann auch einfach dann grüßen, wenn
du es tust.**

wie? ... du erkennst die nicht? Das war eben Hartmut.
Na und den müßtest du doch kennen, oder?

**ach, das war Hartmut? Ja, den kenne ich
auch. Aber wenn wir hier so gehen, bin
ich ziemlich abgelenkt. Das macht mich
jetzt auch ziemlich nervös, wenn ich jetzt
ständig die Menschen-Mengen absuchen
muß, ob ich da wen kenne, um dann
pünktlich zu grüßen. Ich habe da Schwierigkeiten ... mir wäre es leichter, wenn ich
einfach „hallo" sage, wenn du das sagst.
Ohne daß ich dabei jemanden erkennen
muß.**

das verstehe ich nicht, Grüßen ist doch was ganz
Einfaches ...

**ja, das schon. Aber bei mir dauert es zu
lange, bis ich jemanden erkannt habe. Die
sind dann meist schon weg, wenn ich
dann „hallo" sage. Hast du es jetzt verstanden?**

ja, habe ich ... dort ist das Kino. Wollen wir vorne
oder in der Mitte sitzen?

**oh, bitte frag mich das jetzt nicht ... kauf
einfach Karten. Wir müssen drinnen sowieso schauen, daß ich nicht da sitzen
muß, wo es supervoll ist ...**

Ruth geht zum Schalter und kauft Karten. Vor ihr hat
sich eine kleine Schlange gebildet.

Barbara wendet sich mir zu. Sie streift mit beiden Händen ihre langen Haare hinter die Ohren. Am den einen Ohr hängt ein großer runder Ohrring. Sie lächelt etwas.

studierst du auch?

ja ...

ich kenne Ruth schon ganz lange. Wir haben früher mal im selben Haus gewohnt, wir haben schon immer ganz unten gewohnt und später sind dann Ruths Eltern mit ihren Kindern in den zweiten Stock gezogen. Ruth und ich sind die Ältesten von den Kindern ...

ja ...

haben dann immer auf die Geschwister aufpassen müssen ...

ja, das glaube ich ... aber das war dann auch richtig gut. Ich meine, da habt ihr ja eigentlich alles gelernt, was man so braucht: so Haushaltsführung, Kinderpflege und so. Bei Ruth merke ich, daß sie ziemlich selbständig ist.

ich bin das auch ...

ja? ...

ja klar ... ich kann auch alles. Bei mir ist die Wohnung blitzblank. Ich bin Erzieherin ... arbeite hier im Kindergarten. In Cappeln. Ich wohne da auch. Wenn du willst, kannst du mich ja mal besu ...

„Los kommt!" ruft Ruth und das Gespräch endet abrupt. Im Gehen versuche ich noch einmal das Gespräch aufzunehmen, weil sie ja noch was sagen wollte, aber Ruth hat mich wieder rechts außen an der Hand.

Wir gehen in einen großen dunklen Raum, wo vorne auf der Leinwand schon Werbefilme zu sehen sind. Ich suche die zahlenmäßig geringste Besucherumgebung und strebe zielsicher dorthin. Die beiden Frauen folgen mir ohne Worte. Dann setzen wir uns. Ich rechts außen, in der Mitte Ruth und links Barbara.

Ich versuche kurz mit Gesten das Gespräch mit Barbara wieder aufzunehmen, aber merke schnell, daß das jetzt gerade unmöglich ist.

Ruth kramt in ihrer Handtasche und hat für jeden von uns einen Bonbon. Sie kichert dabei wie ein kleines Mädchen, das etwas Verbotenes tut. Dann geht der Film los.

Der Film gefällt mir, es sind verschiedene Eindrücke ohne Handlungsfaden. Die Naturaufnahmen ergreifen mich total. Manche Einstellungen sind mir so vertraut, als hätte ich diese Filmsequenz selber gedreht.

Plötzlich geht in dem großen Raum das Licht an, was mich sehr erschreckt. Dann stehen sogar die Leute auf. Ich drehe mich hastig um.

der Film ist zu Ende, Matthias ...
> **ja? ... wirklich?**
na, du kuckst aber verduzt ... los komm, wie gehen ...
> **ja, kleinen Moment ... laß doch erst mal die anderen weggehen. Ich bin irgendwie noch nicht so richtig klar ...**
okay, dann setzen wir uns eben noch ... hat der Film dir gefallen?
> **ja, meinetwegen ... ja**
was hast du denn? ... fandest du in doof?
> **nein, nein ... ich kann mich jetzt schlecht entscheiden, ob gut oder doof ... ich habe was ganz anderes im Kopf ...**

wieso mußt du dich da entscheiden? Das fühlt man
doch ...

> **ja, aber wenn ich sage „er gefällt mir"
> oder wenn ich sage „nein, ich fand ihn
> doof", das weiß ich jetzt doch noch gar
> nicht, was nun richtig ist. Nun überlege
> ich, welche von den beiden Möglichkeiten
> aller Wahrscheinlichkeit nach nicht so
> verwirrend für mich sein wird, wenn ich
> das jetzt schon sage, obwohl ich es noch
> nicht weiß.**

was machst du?

> **ja, so ist es ...**

ich wollte doch bloß wissen, wie du den Film fandest. Und? Fandest du ihn toll?

> **warum?**

na ja, wenn er dir zum Beispiel gefallen hat, dann
könnten wir darüber reden ... Barbara fand den Film
auch ganz toll ... wollen wir noch ins Cafe?

> **nicht so viel gleichzeitig. Ist das erste
> Thema erledigt?**

nein, mich interessiert es natürlich, wie du den Film
fandest ... kommst du mit ins Cafe?

> **laßt uns einfach so ins Cafe gehen, ohne
> meine Filmeinschätzung. Ich habe den
> Film gesehen, okay. Wir können uns ja
> über verschiedene Szenen unterhalten.**

dann hat er dir also gefallen?

> **ja, hat er ...**

toll!... mir auch!

Ruth hüpft hoch und gibt mir einen Kuß. Auch Barbara sieht ganz fröhlich aus. Wir gehen ins Cafe
Vetter. Das ist zwar kein Studenten-Cafe, aber ein

vorzügliches Cafe mit prima Kaffee und falls man genügend Geld hat, auch mit vorzüglichem Kuchen. Die Aussicht ist kostenlos. Wie finden einen kleinen Tisch für uns und Ruth bestellt Kaffee mit Kuchen.

> **du Barbara, du wolltest mir doch noch was sagen. Irgendwas über deine Wohnung, was ich mir ansehen soll. Kann das sein?**

was wollte ich?

> **ja, ich dachte. Wir waren ja mit unserem Gespräch noch nicht am Ende.**

doch waren wir! Und ich weiß auch nicht mehr, worüber wir gesprochen haben.

Danach schweigen wir alle drei. Ich schaue aus dem Fenster auf die Stadt. „Bitte sehr," höre ich es plötzlich hinter mir. Die Serviererin hat uns das Bestellte gebracht. Der Kaffee dampft und duftet.

> **danke, Ruth ...**

jeder zahlt aber für sich selber!

> **oh, da muß ich erst mal nachschauen, ob ich soviel dabei habe ...**

ich kann dir das auslegen ...

> **danke ... ob die hier Tische haben, wo besonders viele Tortenstücke verzehrt werden? Vielleicht gibt es auch einen Tisch, wo noch kein einziges Tortenstück verzehrt wurde, sondern immer bloß Blechkuchen ... in den ganzen Jahren immer nur Blechkuchen ...**

das ist mir jetzt egal ... doofes Thema ...

> ja, okay ... dann vielleicht mal kein The-
> ma ...

du bist wie Ewald!

> so? ... ich finde, wir sind uns gar nicht so
> ähnlich. Wir sehen auch ganz anders aus,
> studieren auch was ganz anderes ...

hör auf damit!

> ja, ich merke es schon ... Entschuldigung,
> vermutlich habe ich wieder was Falsches
> verstanden ... übrigens, deine Tasse steht
> nicht ganz richtig ...

ja, hast du ... wieso machst du das auch?

Darauf habe ich wie immer keine Antwort. So sehr
ich auch überlege, ich finde darauf keine Antwort.
Barbara steht plötzlich auf und entschuldigt sich. Sie
müsse jetzt gehen, sie habe noch was vor. Die beiden
drücken sich und ich bekomme ein kleines Winken.
Dann ist sie weg.

wieso mußt du dich gleich mit Barbara in ihrer Wohnung verabreden, wo ich nur mal kurz Karten kaufe?
Wieso?

> ich habe mich mit ihr gar nicht verabre-
> det ...

ach, das soll ich jetzt auch noch glauben, was?

> es stimmt aber. Sie hatte mir gesagt, daß
> es in ihrer Wohnung aufgeräumt sei. Zu-
> vor sprachen wir davon, daß ihr Beiden
> noch jüngere Geschwister habt, auf die
> ihr immer aufgepaßt habt. Und ich sagte
> dazu, daß ich bei dir bemerke, wie selb-
> ständig du bist und habe da einen Zu-

120

> sammenhang gesehen. **Mehr ist gar nicht geschehen.**

ach so ... ich hatte schon gedacht, daß du hinter jedem Rock her bist ...

> **meinst du jetzt die Barbara?**

wen denn sonst?

> **bist du denn eifersüchtig?**

ja!

> **ich wüßte mit ihr nichts anzufangen. Und was soll ich jetzt tun? Kann ich jetzt den Kuchen weiter essen? Oder wäre das nicht so gut?**

sag mal, was weißt du eigentlich? Stell dich doch nicht so dusselig an.

> **ich weiß eine ganze Menge, aber eben deine Vorstellungen nicht. Irgendwie komme ich da nie drauf. Und jetzt weiß ich auch nicht, wie diese Situation für dich noch zu retten ist.**

du bist eben ein Dussel!

> **bin ich nicht.**

kuck da jetzt nicht hin, Hartmut und Bernd stehen an der Tür. Nimm mich jetzt mal in den Arm ... los jetzt!

> **wie bitte? ... was soll ich tun?**

nun mach schon! Nimm mich in den Arm!

> **ja ... mach ich ja ... einfach so?**

ja, einfach so ... los beeile dich ...

Ich lehne mich rüber und nehme Ruth in den Arm. Sie fühlt sich heute sehr fest an. Ihre Haare kitzeln auf meiner Stirn, daß ich mich etwas schütteln muß und eine Gänsehaut bekomme. Dann höre ich jemanden rufen und plötzlich stehen Hartmut und Bernd an unserem Tisch. Ruth zieht sich elegant aus der Umarmung: „Setzt euch doch," sagt sie und strahlt die beiden an.

Die beiden setzen sich und Hartmut bestellt noch mal Kaffee für uns alle. Ruth rutscht nah an mich heran und legt ab und zu ihren Kopf an meine Schulter. Jedesmal wenn ich sie anschaue, strahlt sie zurück.

Dann fällt mir plötzlich ein, was ich Hartmut fragen wollte:

> **sag mal, gehen die jetzt davon aus, daß ich einen Beweis erbringen soll, daß der Buddhismus in der Zeit der Entstehung des Christentums bekannt sein konnte? Ich meine jetzt in Jerusalem ... oder in Alexandrien ... nur weil ich das für sehr wahrscheinlich halte?**

ja, so ist es. Ich hoffe, du kannst das. Du hast deine Hypothese jedenfalls sehr überzeugend vorgetragen. Sind das tatsächlich deine Überlegungen gewesen? Ich habe so etwas in der Literatur noch nirgendwo gelesen ... sehr interessant.

Und wieso fragst du jetzt? Kennst du da etwa gar kein Beweis? Irgendeine Schrift?

> **doch, doch ... ich wollte nur mal wissen, was jetzt der nächste Schritt ist.**

ja, daß du ein Zitat bringst. Darauf wartet der Prof jetzt und wir alle natürlich auch.

> **okay, danke**

Der Kaffeetisch scheint in einer ständigen Veränderung zu sein und Ruth erzählt den Beiden den Film. Was mich am meisten wundert ist, daß Ruth mit ihrem Stuhl so dicht neben mir sitzt und ständig an meinem Arm nestelt. Irgendwie habe ich die Situati-

122

on anders eingeschätzt und mit mehr Distanz gerechnet. Ich weiß, daß es nicht gut ist, diese Frage an sie zu richten, deshalb lasse ich es. Aber verstehen tue ich ihr Anschmiegen nicht.

Hartmut weiß ein paar Hintergrundinformationen zu dem Film, aber er selber möchte nicht in einen Film gehen, in dem es keine Handlung gibt. Und keine Aktionen. Hartmut sieht in Allem immer eine politische Botschaft oder eben auch keine, daher kritisiert er den Film:

viele meinen, er enthält vielleicht ja auch eine politische Botschaft ... finde ich Quatsch!
> **so? ... meinst du? Ich fand den Film erst mal richtig lang. Ungewöhnlich lang.**
ja, stimmt ... der hat Überlänge ... aber ordentlich!
> **und dann hatte der Film für mich schon eine Aussage ...**
das ist aber kein politischer Film ... eher was aus der Unterhaltung ...
> **für mich bestand eine wichtige Aussage auch darin, daß der Zuschauer viel länger nur Betrachten konnte, so daß ...**
das ist doch keine Aussage! So ein Quatsch ... das ist doch bei jedem Film so!
> **ja, ok ... meinetwegen. Dann ist es eben bloß ein Unterhaltungsfilm ...**
ja, ist es auch. Da kannst du sagen, was du willst.
> **kann ich ja gar nicht ...**

Irgendwie finde ich das Gespräch geradezu stockend und blöd, ich habe auch den Anlaß dazu vergessen. Ruth streichelt schon die ganze Zeit meinen Arm und schaut mich ab und zu mit großen Augen an. Die Serviererin trägt wieder Kuchen.

Ich beschließe, aus dem Fenster zu schauen, während die anderen den Film diskutieren. Das Gefühl auf meinem Arm begleitet meine Überlegungen. Die riesige Fensterzeile hat etwas sehr Eigenständiges. Die Aussicht ist ähnlich wie ein Blick in ein riesiges Aquarium in einem Zoo. Ich fühle mich wie ein interessierter Besucher.

Plötzlich ruckelt Ruth an meinem Arm. Eine Frau steht bei uns am Tisch und fixiert mich mit den Augen. Ich schaue fragend in die Runde und bleibe dann bei Ruth haften und flüstere ihr zu:

was ist jetzt?

du sollst zahlen ...

was denn?

fünfsiebzig ... wieviel Geld hast du?

zwölfzwanzig ...

Ich gebe der Serviererin das Geld und stehe auf. Kaum habe ich den Kreis der vielen Stühle und Tische verlassen, hängt sich Ruth wieder an meinen linken Arm. Sie strahlt die anderen beiden Studenten an. Und so gehen wir aus dem Cafe. Irgendwo auf der Fußgängerzone verlassen uns die Beiden und dann sind wir allein. Eigentlich könnte Ruth ihre Umklammerung jetzt lockern, denke ich, aber sie tut es nicht.

entschuldige, daß ich so war. Aber das hat mich ziemlich eifersüchtig gemacht.

ja, war nicht so schlimm ...

für mich doch ...

ich meine, für mich war das nicht so schlimm ... wo wollen wir denn jetzt eigentlich hin? Hast du noch was vor? Sonst gehen wir gerade in die falsche Richtung.

ach ja, stimmt. Ich war ganz so in Gedanken versunken. Schade, die Geschäfte haben schon zu, sonst könnte man noch ein bischen bummeln ...

du fühlst dich gerade so anders an, bist du traurig?

nein ... gar nicht ... bin gerade so in Gedanken ...

an was denkst denn du?

ich müßte mal wieder meine Eltern besuchen. Und ... und da wollte ich dich fragen, ob du nicht vielleicht Lust hast mitzukommen.

zu deinen Eltern?

ja ...

die kenne ich doch gar nicht. Was soll ich denn da?

du kannst mich ja einfach bloß begleiten. Und lernst mal meine Familie kennen. Meine Geschwister und so. Ich habe eine ziemlich große Familie.

und die willst du alle besuchen?

nein, nur meine Eltern. Wir können dort auch übernachten, in meinem alten Zimmer.

für mich sind das alles fremde Leute, fremde Umgebung und weit weg von meinem Zuhause. Das wird für mich sicherlich nicht einfach werden. Ich weiß nicht, was ich da soll und was ich da machen kann und dann? Dann kann ich noch nicht mal weg. Das sind die besten Voraussetzungen für ein völliges Durcheinander...

mein Gott ist das wieder kompliziert. Geht das nicht auch mal ganz einfach?

wie meinst du das?

einfach mal ins Auto setzen, dorthin fahren, gemütlich Kaffee trinken, sich umschauen, dort eine Nacht pennen und am nächsten Tag wieder zurück ...

nein, das schaffe ich so nicht.

wieso denn nicht?

weil das für mich nie so abläuft. Ich habe das noch nie so erlebt.

dann wäre es an der Zeit, daß du das mal so erlebst.

ich fürchte, daß deine Eltern mir mit irgendwelchen unausgesprochenen Erwartungen gegenüber stehen und ich dann nicht weiß, wie ich reagieren soll. Oder eben deine Geschwister. Das ist super frustrierend. Meistens gibt es dann auch noch Streit und unschöne Worte. Ich habe das schon öfter so erlebt.

aber du hast doch auch schon mal Leute besucht, das ist doch nicht so schwer. Außerdem ist das meine Familie und die sind nett.

mag ja sein, daß sie nett sind. Ich weiß trotzdem nicht, was ich dort machen kann. Vermutlich werde ich da einfach bloß rumstehen, was für mich langweilig ist und andere Leute nervt.

dann tu es bitte mir zuliebe, ja?

ich stehe nicht gerne rum ...

nein, ich meine mitkommen zu meinen Eltern ...

wann denn?

am Wochenende ...

ist das weit?

achthundert hin und zurück ...

ich muß darüber nachdenken ...
ja, mach das. Kommst du noch zu mir? Du kannst bei mir auch schlafen.
ich habe doch kein Schlafzeug bei dir.
das brauchst du nicht, das geht auch ohne ...

Immer noch ist Ruth fest an meinem Arm eingehakt und wir gehen zu ihrer Wohnung. Schweigend machen wir uns über den Abwasch her. Der Besuch hat arg gekleckert und während ich den Tisch abwische, kommt mir die Vorstellung, ich sei mit Ruth schon verheiratet. Unwillkürlich muß ich lachen, ich finde den Gedanken etwas verrückt. Auf der einen Seite wäre es vielleicht schön, wenn es so wäre, weil ich mit einer festen Beziehung Hoffnungen verbinde und auf der anderen Seite wäre die Unterhaltung einer Ehe sicherlich eine starke Belastung für mich. Ich wüßte im Moment auch gar nicht, wie ich meinen Alltag mit jemanden abstimmen könnte, da ich für mich selber kaum Handlungsalternativen weiß.
Aber vielleicht wäre das ja mit Ruth anders. Ich halte inne und beobachte, was in mir passiert.

warum kuckst du so? Habe ich irgendwas?
nee, ich kucke eigentlich gar nicht ...
was machst du sonst?
ich konzentriere mich auf eine Gefühl ...
oder eine Vorstellung ...
was ist denn das für eine Vorstellung?
ich habe mir vorgestellt, wir wären verheiratet
und wie geht es dir damit? Ist das ganz schön?

mir ist heute zum ersten Mal diese Vorstellung gekommen, ich bin mir unsicher, es gibt so viele Aspekte.

ach, das ist putzig! ... ich habe auch schon mal daran gedacht ... ich bin mir auch unsicher. Mein Vater wird bestimmt wissen wollen, was du für einen Beruf hast. Was anderes interessiert ihn nicht und da du ja noch studierst, wäre er dagegen. Und wenn mein Vater das sagt, dann sagt es auch die ganze Familie.

ja, stimmt. Das ist bestimmt für die ganze Familie blöd. Aber daran habe ich nicht gedacht ...

was machst du denn jetzt wieder für ein Gesicht? Woran denkst du jetzt?

an meine Einsiedelei ... ich müßte mir erst mal auch meine Einsiedelei eingestehen ... das fällt mir ziemlich schwer. Ich habe das noch nie gemacht. Irgendwie kann dieses Gefühl eine Intensität annehmen, daß ich davor eine Höllenangst habe. Mir ist dann so, als könnte mich dieses Gefühl zerstören.

ach du lieber Gott ... das habe ich nicht gewußt ... das finde ich schlimm ...

als Kind habe ich oft darüber nachgedacht, stundenlang ... mit großen Ängsten. Aber vielleicht ist Einsiedelei auch nicht das richtige Wort. Ich fühle mich nicht tatsächlich allein, sondern bin irgendwie für mich ständig am Gestalten und Kreieren. Und da wünsche ich mir irgend etwas, das mich ruhen läßt. Etwas, was auch mich mal stützt und meint. Etwas, an dem auch ich teilnehmen darf. In

meinen schlimmen Überlegungen hatte
ich oft das Gefühl, ich würde so etwas nie
finden. Das war schlimm!

und heute?

heute mache ich solche Überlegungen
nicht mehr.

wie das denn?

ach, das ist eine lange Geschichte. Vielleicht erzähle ich sie dir mal. Jetzt wollen
wir doch deine Küche klar kriegen ...

nein!

was nein?

ich möchte, daß du weiter erzählst. Heißt das, das du
mich magst?

ach so, das meinst du. Du meinst meine
Vorstellung, daß du meine Frau sein
könntest. Ja, ich weiß nicht so genau. Ir-
gendwie war mir das plötzlich so präsent.
Ich habe mich selbst darüber gewundert.
Ja, ich denke, daß ich dich mag.

wie? Du denkst das? Fühlst du das nicht?

doch, natürlich. Ich fühle das auch.
Aber mehr so für mich.

was heißt denn das schon wieder?

na, ich meine, ich hatte ja schon mal
Freundinnen.

ja und? warst du da nicht bis über beide Ohren verliebt?

ja, schon. Aber eben so für mich. Die
Mädchen haben mir das ja auch vorge-
worfen, daß ich mich nicht so richtig um
sie gekümmert hätte. Aber ich war gar
nicht auf die Idee gekommen, daß sie vielleicht Hilfe brauchen und daß man sich

um sie kümmern müsse. Ich habe mich irgendwann bloß gewundert, daß sie sich von mir zurückgezogen haben.

war es denn wenigstens eine schöne Liebe?

ich fand es immer sehr anstrengend. Wenn ich ehrlich bin, dann wußte ich mit den Mädchen eigentlich nichts anzufangen. Trotzdem fühlte ich mich zu ihnen hingezogen, schließlich hatten bei uns alle Jungs irgendwie eine Freundin. Es war für mich aber schon recht mühsam dieses Hin und Her.

wie ist das jetzt mit mir? Kannst du was mit mir anfangen oder bin ich bloß eine Anstrengung für dich?

ich kenne dich noch nicht gut genug. Ich weiß jetzt nicht, was ich sagen soll. Kann schlecht abschätzen, was du jetzt erwartest.

also wieder was Kompliziertes ...

ja, meine Erfahrungen sind da nicht so gut. Eigentlich möchte ich dich in meine Gedanken einbeziehen, aber meist reagieren die Leute ziemlich ärgerlich, wenn ich so drauflos erzähle. Ich überlege mir deshalb, wie ich auch ohne große Anstrengung einige Zeit mit den Mädchen aushalten könnte. Am besten geht das bei Handlungen, wo ich austauschbar bin. Ich weiß auch nicht wieso, aber es ist so ...

du überlegst dir ständig solche Handlungen?

ja, das machen doch alle ...

oh Gott, das kann einen ja richtig wirr machen. Und das alles ist da in deinem Kopf, wenn du ein nettes Mädchen siehst?

ich denke, ja.

das heißt, du magst mich vielleicht und kannst dem Gefühl nicht nachgehen?

ja, so ist es ...

wollen wir noch einen Tee trinken? Die Küche ist soweit ja fertig ...

ja, meinetwegen ...

Ruth nimmt ihre Teekanne und bereitet den Tee vor. Irgendwie macht sich ein sanftes Schweigen breit. Ein ganz leichtes unbeschwertes Schweigen. Mein Körper entspannt sich zusehends und ein Wohlgefühl breitet sich aus. Nachdem der Tee genug gezogen hat, gießt sie ihn ab und wir gehen in ihr Zimmer.

kannst du nicht mal ein zweites Rasierzeug und ein zweites „Was du noch so alles brauchst" hier zu mir bringen? Dann mußt du morgen früh nicht wieder so unrasiert ausschauen.

ja, das ist eine gute Idee. Allerdings müßte ich mir dann welches kaufen, ich habe nur ein Sortiment. Weißt du, was mir gerade auffällt?

nein ... was denn?

immer wenn ich bei dir bin, hast du auch Kekse. Ich esse zu gerne deine Kekse. Sonst mag ich die eigentlich nicht so gerne.

ach, das freut mich aber ...

wie ist das denn mit dem Wochenende? Kommst du nun mit?

**ich kann das machen, aber ich weiß nicht,
was ich da soll. Und was ich da tun kann.
Mich macht das schon ganz nervös.**

bist du denn gar nicht neugierig?

ehrlich gesagt: nein.

schade. ich freue mich immer, wenn ich nach Hause
kann.

Ruth steht auf und macht Musik an. Draußen ist es
dämmerig. Jetzt zündet sie auch zwei Kerzen an. Ich
würde jetzt gerne zu mir nach Hause gehen.

ich finde es schwer, an dich heran zu kommen.

ja, das glaube ich ...

wieso weißt du das von dir?

**ja, ich kann mir das schlecht verheimli-
chen. Meine Kompliziertheit spüre ich jeden Tag.**

als ich für dich gekocht habe, hatte ich das Gefühl,
du bist ein Eisklotz.

**ja danke, daß du es wenigstens versucht
hast ...**

ich habe auch bemerkt, daß es nur ein Versuch war.
Aber ich finde, zum Schluß ging es einigermaßen.
Mir hat es wenigstens geschmeckt.

**ich finde, die Leute kochen eigentlich gar
nicht, sondern mischen lediglich eßbare
Waren zusammen, während sie einem
völlig anderem Gefühl nachhängen.**

nanu? wie meinst du denn das?

**ich meine, das ist sicherlich nichts
Schlechtes. Im Allgemeinen klappt das ja
auch sehr gut. Nur eben mit mir nicht.
Ich mag das nicht ... ich finde in ihren Tä-**

tigkeiten keine Logik, sie sagen mir einfach nichts. Wirklich gar nichts. Ich verstehe oft nicht, wieso die anderen Leute
beim Essen singen und lachen. Bei mir
bewirkt das normale Essen so etwas nicht.
Wenn ich bei anderen Leuten zum Essen
eingeladen werde, dann fehlt mir meist
was. Etwas für mich ganz Wichtiges ...
was denn?

mir fehlt das Gefühl zu der Person, die
gekocht hat. Und wenn das Gefühl fehlt,
dann wird das Essen mit anderen Leuten
meist absurd. Meist so sehr, daß es besser
wäre, aufzustehen und zu gehen. Ich spüre dann in mir keinen Grund mehr, warum ich ausgerechnet dieses Essen in
meinen Mund nehmen soll.
ich glaube, jetzt kann ich dich verstehen ... dann hast
du mich auf dem Markt zu fühlen gesucht ...

und nicht richtig gefunden ... ja
das finde ich jetzt aber traurig ...

na ja, ist ja nichts passiert ...
finde ich aber schon ... willst du dich nicht zu mir
setzen? Es ist schon spät ... und irgendwie bin ich
jetzt so kuschelig müde ... du auch?

ja, ich auch ...

Am nächsten Morgen durchdenke ich kurz, was heu-
te zur Erledigung ansteht. Mir fällt nichts ein. Dann
bin ich unsicher wegen des Wochentages. Auf dem
Kalender in der Küche stelle ich fest, daß heute
Samstag ist. Sollte Ruth etwa schon heute zu ihren
Eltern fahren wollen?

> das paßt mir jetzt aber gar nicht, daß
> schon Samstag ist. Du wolltest doch heute
> zu deinen Eltern fahren. Das ist mir jetzt
> zu kurz geplant. Das wäre ja jetzt!

ja, nach dem Frühstück. Ich dachte, du wüßtest das.
Ich habe doch gestern extra gefragt.

> das ist mir egal, wann du gefragt hast und
> wann ich was geantwortet habe. Ich bin
> jetzt aufgeregt. Jetzt! Verdammt! Und
> dann bin ich noch nicht mal bei mir Zu-
> hause. Oh, Mist!

was hast du denn?

> frag jetzt bitte mal nicht. Du siehst ja, daß
> ich mit mir nicht klar komme!

kann ich irgendwas tun?

> nein! Kannst du nicht. Ich muß unbedingt
> jetzt raus.

Blitzschnell ziehe ich mich an und gehe aus der
Wohnung. Ich renne die Treppen runter und bin froh
auf der Straße zu sein. „Gehen ... bloß Gehen", sind
meine Gedanken und so gehe ich ohne Ziel.
Nach einer Weile spüre ich an meinem linken Arm
einen vertrauten Druck. Ruth ist mir nachgelaufen
und hält sich zart an meinem Arm. So gehen wir eine
halbe Stunde, während die Stadt langsam erwacht.
Meine Aufregung ist verflogen. Aus einer Bäckerei
duftet es nach frisch Gebackenem.

> hier können wir uns ein paar Brötchen
> kaufen.

ja, toll ... das machen wir. Hast du Geld?

> ja, zwei oder vier Brötchen?

vier ...

Mit der Brötchentüte in der rechten Hand und Ruth an der linken Hand kehren wir wieder in die Küche zurück.

Tee oder Kaffee?

mach bitte wie du denkst ...

dann gibt es Kaffee!

prima ...

ich habe zweimal für mich gedeckt ... ist das gut?

ja, das ist gut ... meinetwegen können wir nach dem Frühstück losfahren. Dann fahren wir erst mal bei mir vorbei, damit ich mich rasieren und umziehen kann, ja?

oh, der Frühstückstisch sieht wunderschön aus ... komm, hier ist dein Platz ... ich schenke uns schon mal Kaffee ein ...

Und dann fahren wir nach dem Frühstück auch schon los. Zuerst bei mir vorbei, wo ich meine Sachen in eine Tasche packe und dann im Auto verstaue. Dann zur Tankstelle und dann auf die Autobahn. Es ist Sommerwetter. Der Motor brummt monoton.

ich habe uns schon angemeldet, meine Eltern freuen sich auf uns. Ich habe gesagt, daß ich noch jemanden mitbringe, daß die schon mal vorgewarnt sind.

vorgewarnt? heißt das, daß du nicht einfach jemanden mitbringen kannst?

na ja, sie sind schon ziemlich skeptisch und haben mit neuen Gesichtern so ihre Probleme. Besonders, wenn ich für sie Unbekannte mitbringe. Bei mir sind sie irgendwie besonders kritisch ... ich weiß auch nicht warum. Es ist halt so.

bei mir werden sie sicherlich schnell fündig. Das war kein guter Einfall von dir. Das kann ich dir jetzt schon sagen.

warte doch erst mal ab, das wird bestimmt richtig schön ... wir fahren so, daß wir zum Essen da sind. Meine Mutter will was Schönes kochen, weil ich ja jemanden mitbringe.

ach du liebe Güte! Das wird wieder mal was geben.

was hast du denn bloß?

du gehst aber nicht weg und läßt mich dort nicht allein ... bitte mach das nicht. Ich würde sonst zu Fuß nach Hause gehen. Wie weit ist es denn noch? Ist es dieses Dorf, was man da schon sieht?

nein, das dauert noch ...

du hast deinen Eltern aber noch nichts über mich erzählt, oder?

nein, habe ich nicht. Sie sollen sich ihr eigenes Bild machen ...

hoffentlich komme ich damit klar ... das sind hier aber ziemlich kleine Dörfer ... ist es das nächste, wo du wohnst?

nein, ich sagte ja, das dauert noch ...

lange?

halbe Stunde bestimmt ...

wieso müssen die denn für uns ausgerechnet noch kochen? Da würde doch Kaffee trinken reichen oder gar nichts machen ...

ich finde das sehr nett, daß wir zum Mittagessen kommen sollen ...

ich nicht ...

aber sag denen nicht, daß du dazu eigentlich keine
Lust hast, ja?

**nein, mache ich nicht ... wenn es zu
schlimm wird, dann fahren wir halt ... ist
es jetzt dieses Dorf, wo du wohnst? ...**
nein, das dauert noch ... sei doch nicht so ungeduldig!

Irgendwann erreichen wir eine größere Ansammlung
von Häusern und Ruth biegt erst links, dann rechts,
dann wieder links und dann wieder rechts und noch
mal links und noch mal rechts. Mir fällt diese Re-
gelmäßigkeit auf und dann sind wir da.

wir sind da ... kannst aussteigen ...
das sieht hier so verlassen aus ...
die sind bestimmt alle im Garten, wir gehen hinten-
rum ...

Ruth springt zu einer Gartentür und huscht hinein. Es
ist ein schöner Garten mit Blumen, Bäumen und
einer großen Bauhütte. Weiter im hinteren Teil des
Gartens befinden sich Rabatten mit Gemüse aller Art.
Es ist niemand zu sehen. Ruth klopft an eine Fenster-
scheibe. Nach einiger Zeit wird eine Tür geöffnet und
Ruth begrüßt ihre Mutter. Sie sprechen miteinander,
während ich einige Meter davon entfernt stehe. Mir
ist, als würde ich auf eine Postkarte schauen. Der
Anblick ist sehr harmonisch.
Dann winkt mich Ruth her und ich begrüße ebenfalls
Ruths Mutter. Sie schaut mich an und spricht dann
wieder mit ihrer Tochter. Ob sie das Essen schon
aufsetzen solle, ihre Geschwister seien unterwegs,
der Vater wollte in der Schule noch was machen.

Dann nimmt mich Ruth am Arm und saust mit mir los. Wir gehen in die kleine Stadt und sind dabei sehr ausgelassen und fröhlich. Ruth soll irgendwas Bestimmtes noch einkaufen. Es sind kaum Leute unterwegs, deshalb fällt mir schon von weitem ein Mann auf der gegenüberliegenden Straßenseite auf. Er ist zu Fuß und scheint mir recht stur zu gehen.

das ist mein Vater!
> **oh ... sollen wir stehen bleiben und ...**
nein, der sieht uns nicht ...
> **was?**
wir können hier einfach weitergehen. Der merkt das gar nicht.
> **der erkennt dich nicht? Ich kann doch nicht einfach weitergehen!**
doch! Machen wir aber ...
> **da ist mir aber sehr unwohl dabei ...**

Wir gehen trotzdem einfach weiter und der Mann auf der anderen Straßenseite ist irgendwann nicht mehr zu sehen. Ruth kauft beim Schlachter 20 riesige Würstchen und ich frage mich, wer die bloß essen soll.
Auf dem Rückweg trifft Ruth eine Bekannte und sie reden miteinander. Ich halte die Plastiktüte mit den Würstchen in der Hand. Ein Jugendlicher bleibt stehen und winkt uns zu. Nach einem Augenblick fährt er mit seinem Fahrrad weiter.
Es ist ein schöner Sonnentag und die Farben der Umgebung sind klar und kräftig. Ein kleiner Hund bellt am Gartenzaun.
Nach einer Weile gehen auch wir weiter

das war mein kleiner Bruder ...

aha ...

warum hast du denn nicht „guten Tag" gesagt?

wann denn?

eben, als ich mit Britta sprach ...

ja, ich dachte, du sprichst mit ihr ... da habe ich an Begrüßung und so gar nicht mehr gedacht. War doch auch so okay, oder?

na, ulkig war das aber schon ... stehst da und sagst noch nicht mal „hallo" ...

Drinnen im Elternhaus ist es laut geworden. Die Mutter nimmt mir sofort die Plastiktüte aus der Hand. Zwei Geschwister sind ebenfalls da und laufen herum. Ruth ist nicht zu sehen. In der Küche ist es grundsätzlich zu klein, um sich dort aufhalten zu können. Außer Küche und Flur kenne ich hier noch nichts und bleibe deshalb im Flur stehen. Ein junger Mann kommt aus dem Keller hervor, geht an mir vorbei in die Küche. Ich mache drei Schritte und bin schon am Ende des Flures angekommen. Dann kommt die Mutter aus der Küche und geht in ein anderes Zimmer. Ich höre Geschirr klappern, drehe mich um und gehe wieder drei Schritte bis zum anderen Ende des Flures. Dort betrachte ich eine Garderobe. Ganz oben liegen zwei Hüte. In mir melden sich leise Gefühle von Chaos und Angst.

wo bleibst du denn? Willst du dir nicht mal den Garten anschauen? Steh da nicht so rum, das Essen dauert doch noch.

ja, gerne ... im Garten war ich ja schon mal. Ich habe da Schnittlauch gesehen ...

Ich bin froh, daß ich gehen kann. Gehen tut einfach gut. Im Garten angekommen, muß ich erst mal Schnittlauch probieren. Ein schöner scharfer Geschmack durchströmt mich. Zwischen den Beeten wachsen verschiedene Blumen und Stauden. Ein farbenfrohes Meer an Blumen. Dann öffnet sich das Küchenfenster und die Mutter ruft nach Ruth. Ich empfinde wieder Hektik.

Im Eßzimmer ist ein großer Tisch für sieben Personen gedeckt. Ich weiß nicht, wo ich sitzen soll und warte deshalb. Der Vater kommt rein und Ruth stellt mich ihm vor. Es ist derselbe Mann, den ich vorher auf der Straße gesehen habe. Jetzt allerdings sieht er uns. Der kleine Raum ist voll.

Die Sitzordnung ist klassisch. Die beiden ältesten Männer an den Stirnseiten des Tisches, die anderen an den Seiten. Nach einem Gebet geht es los. Die Schüsseln werden ständig hin und her geschoben und erzeugen einen furchtbaren Anblick. Der Vater faßt der Mutter unter dem Tisch offensichtlich ans Knie. Ich versuche mich ganz stark auf etwas anderes zu konzentrieren. Ein kleiner gelber Eimer Senf wird ständig herumgereicht. Tatsächlich verschwindet der große Berg an Würstchen. Nebenbei befragt der Vater die Kinder. Eine lautes Hin und Her. Nach ein paar Minuten bin ich total erschöpft. Es wird abgeräumt und ich gehe in den Garten. Die Schnittlauchstaude steht an derselben Stelle. Ich durchwandere den Garten auf seinen kleinen Beetwegen. Es ist wohltuend.

kommst du rein? Wir wollen gleich Kaffee trinken!

warum denn schon wieder Kaffee trinken?

das ist bei uns so. Also komm rein!

na gut ...

Der Eßtisch ist umgeräumt, eine Kaffeetafel entsteht. Die Mutter und Ruth decken den Tisch mit Teller und Tassen und Löffeln. Die Mutter hantiert mit dem Kuchen.

willst du auch helfen oder nur schauen?

ich weiß doch gar nicht, was wo steht und was es gibt ...

wir wollen Kaffee trinken ... ist ganz einfach ... und es gibt Kuchen, du kannst schon mal die Teller und Tassen verteilen!

okay ... mache ich, wo sind denn die Kuchengabeln?

was?

ja, Kuchengabeln ... ich denke, es gibt Kuchen ... dann gibt es doch auch Kuchengabeln ... oder?

Die Mutter und Ruth schauen sich an. Auf dem Tisch liegen bloß kleine Löffel, aber keine Kuchengabeln. Ich ordne die Tassen den Untertellern zu. Die Mutter und Ruth schauen sich immer noch an. Dann laufen beide aus dem Zimmer.

Nach einer Weile höre ich, wie jemand mit dem Mixer in der Küche arbeitet. Ich vermute, daß es Schlagsahne geben soll. Ruth bringt eine große Schüssel mit Schlagsahne und stellt sie auf den Tisch. Plötzlich faucht sie mich an:

peinlich ist das! Wieso fragst du nach Kuchengabeln?
Du siehst doch, daß da keine vorgesehen waren.

nein, das habe ich nicht gesehen ...

wir haben noch nie Kuchengabeln benutzt ... mein
Gott, ist das peinlich jetzt ...

**ich muß die auch nicht unbedingt habe,
ich habe bloß gefragt ...**

doch, jetzt gibt es Kuchengabeln und du benutzt die
auch! Meine Mutter hat extra noch welche organisie-
ren können. Du kannst sie jetzt nicht noch mehr
bloßstellen.

ich will doch niemanden bloßstellen ...

hast du aber ...

Das Gefühl, mit beiden Füßen in einem Fettnapf zu
stehen, ist mir ausreichend bekannt. Die Familie
versammelt sich erneut um den Tisch, die verschiedenen Kuchenteller werden ständig geschoben und
das Bild des Kaffeetisches wandelt sich permanent.
Ich finde ihn ziemlich hässlich und durcheinander.
Der Vater fragt wieder die Kinder ab. Es ist eigentlich fast dasselbe Gespräch wie zum Mittag. Mir fällt
dabei auf, daß Ruth nur kurz antwortet, obwohl sie
sicherlich eine Menge auch zu erzählen hätte. Ich
esse mühsam ein Stück Kuchen mit der Kuchenga-
bel.
Plötzlich stehen alle auf und der Tisch wird abgeräumt. Es sieht absolut chaotisch aus. Auch ich stehe
auf. Da ich nicht wieder im Flur stehen möchte, gehe
ich in den Garten und suche die Schnittlauchstaude
auf. Ich finde meine Situation furchtbar. Am liebsten
würde ich jetzt nach Hause gehen. Nach einer Weile
kommt auch Ruth in den Garten.

kuck mal, da drüben baut mein Bruder sein Haus.
Interessiert dich das? Wollen wir da mal rüber gehen?

nein ...

aber ich möchte so gerne ... oder wollen wir erst ein
Stück spazieren gehen?

**ja, das wäre besser ... ich muß irgendwie
hier weg ... laß uns gehen ...**

ich kann dir ja mal zeigen, wo ich früher gespielt
habe ...

**ja, gut ... so was ist immer interessant ...
laß uns gleich los!**

komm, wir können gleich hier lang ... dann sind wir
auch gleich im Feld ...

**du, ich weiß in deinem Elternhaus nichts
zu tun ... das ist furchtbar. Ich stehe da
nur rum und werde angeschaut. Mir wäre
es einfacher, man würde mich was fragen
und dann könnte man so erzählen. Aber
eigentlich stehe ich da nur rum.**

du kannst doch in den Garten sein oder du gehst
einfach mal noch meinem Bruder vorbei. da könntest
du am Bau helfen. Das wäre doch was ...

**da helfe ich dann am Bau, damit ich nicht
rumstehe. Beides finde ich eigentlich un-
interessant. Aber wir können das so machen. Vielleicht schauen sie dann nicht so.**

kuck mal, hier haben wir immer gespielt ... ganz frei
in der Natur ... ohne Spielplatz ... das war immer toll!
Oh, ich kann mich hier noch laufen sehen ... mit allen
meinen Freundinnen!

**ja, das war bestimmt toll. Hast du Lust,
daß wir uns hier mal setzen? Ich würde**

gerne einfach so in den Himmel schauen, in dieses Blau ... dieses unendliche Blau ...

ja, gut ... hier ist gerade eine schöne Stelle dafür ...

stimmt ... und jetzt einfach ausstrecken und schauen ... nur ins Blau schauen ... mach das auch mal ... ich finde so was schön ...

ja los, laß uns hier ins Gras legen ... hier ist es schön.

der Boden ist ja ganz warm ... sandig und warm ...

und jetzt einfach so in den Himmel schauen?

ja ... einfach so ...

sag mal ... was kommt eigentlich hinter dem Himmel?

hinter dem Blau ist es schwarz ... dort beginnt das Weltall ...

Ruth schiebt sich ganz dicht an mich heran und legt ihren Kopf in meinen Arm. Wir beiden schauen ins Blau und ahnen den unendlichen Kosmos dahinter. Der Sommerwind streicht uns über das Gesicht und ich höre von irgendwo einen Bussard rufen.

magst du mich?

ja, sehr ... besonders jetzt ...

jetzt? ...

ja, genau zu diesem Zeitpunkt ... genau hier ... und nicht irgendwer, sondern genau DU bist an meiner Seite ... der glatte Wahnsinn! Was für eine Einmaligkeit! Und jetzt schreiben wir uns gerade in das Geschichtsbuch dieser Welt ein. DU und ich.

Ich drücke Ruth an mich und fühle mich, als hätte ich aus dieser Unendlichkeit einen Boten getroffen. Neugierig wende ich mich ihr zu. Ruth schließt ihre Augen. Ich finde es aber eigentlich besser, wenn sie mich anschaut. Und so schaue ich allein, während ich sanft ihren Mund küsse.

Wir liegen noch eine Weile am Feldrand. Ein Motorengeräusch kommt immer näher und ich schaue auf. Der Traktor ist nur noch fünfzig Meter entfernt und ich weiß jetzt schon, daß dieser Traktor mit diesem Bauern genau jetzt zu diesem Augenblick hier an dieser Stelle auf das Feld fahren möchte, wo wir liegen. Ich rucke an Ruth und wir packen schnell unsere Sachen und stehen auf. Der Traktor fährt genau hier auf das Feld und wir gehen zurück.

wir gehen jetzt noch schnell bei meinem Bruder vorbei ... der baut gerade, dann kannst du dir das mal anschauen ...

ich glaube, ich möchte mir das nicht anschauen. Aber wenn wir zusammen da hin gehen, ist das in Ordnung. Ich kenne doch deinen Bruder gar nicht. Ich wüßte überhaupt nicht, wie und worüber ich mich mit ihm austauschen könnte. Alleine wäre ich nie auf die Idee gekommen, mir seinen Bau anzuschauen.

ja stimmt, eigentlich möchte <u>ich</u> da gerne hin. Dann komm doch einfach mit.

ist das weit?

nein, hier vorne ist es schon ... kuck mal ... Onkel Hans und Moni sind auch da, da können wir auch gleich „Guten Tag" sagen ...

ja, meinetwegen ...

Auf dem Bau stehen viele Sachen rum, in ihrer An-
ordnung fühle ich mich nicht wohl. Ich bemühe mich
um Kontakt und bekomme auch eine kleine Helfer-
aufgabe, die ich alleine verrichte. Nach ungefähr
einer Stunde holt mich Ruth ab.

es gibt Abendbrot ... wir können schon rübergehen ...
    ich würde gerne hier ....
nee, wir müssen sofort rüber ... leg mal das Werk-
zeug einfach hin und komm ...
    sofort?
ja, mach schon ...
    und das Werkzeug?
stell das einfach da hin ...
    das fällt mir schwer ... von diesem Hin
    und Her verliere ich die Orientierung ...
    in meinen Gefühlen liegen wir das noch
    am Feldrand. Dieses Arbeiten hier mache
    ich auch nur, weil es vielleicht weniger
    Streß macht, als Rumstehen. Und jetzt
    fängt alles wieder von vorne an ...
aber wir wollen doch bloß Abendbrot essen ... das ist
doch auch schön ...
    für mich nicht. Ständig dieses Essen und
    diese Zuweisungen von deinem Vater. Das
    ist schon eine hohe Anforderung, das aus-
    zuhalten.
wir können danach ja wieder raus ... irgendwo spazierengehen, ja?
    wir könnten auch gleich wieder spazie-
    rengehen ... oder nach Hause fahren ...
ja, nun komm ... die warten sicherlich schon auf uns.

Der Abendbrottisch war noch nicht gedeckt. Ruth verteilt die Teller, Tassen und Besteck. Mich wundert, daß die Familie sie sogleich völlig einspannt und frage mich, wie das Abendbrot wohl ohne Ruth abläuft. Macht das dann die Mutter alleine oder helfen dann auch die anderen Mitglieder der Familie? Die beiden jüngeren Geschwister gehen vermutlich noch zur Schule und sind aus ihren Zimmern gekommen. Sie beteiligen sich am Warten, während ich wieder in dem kleinen Flur rumstehe.

Dann wird gegessen und zugeordnet. Nach drei mal Essen habe ich schon die Struktur der Zuordnungen begriffen. Mir tut Ruth leid, weil sie den letzten Platz belegt und in dieser Struktur wenig Platz für Veränderungen ist. Einkaufen und im Haushalt helfen sind schlechte Zuordnungen für Ruth. Diese Reduzierung auf Nützlichkeit nimmt mir auch viel von dem, was ich bei Ruth sonst noch gefunden habe.

Am nächsten Tag fahren wir wieder los. Beim Abschied kommt es mir so vor, als erwarten die Eltern von mir einen bestimmten Text, den ich nicht kenne. Irgendwie ist eine enorme Anspannung da und ich sage einfach Aufwiedersehen. Mir selber geht es schlecht und ich kämpfe in mir das Chaos nieder. Ich weiß nicht, was ich den Eltern noch sagen könnte, mir fällt nichts ein und ich will eigentlich bloß weg. Dann endlich fällt die Autotür zu, wir winken und fahren los.

> **ich weiß gar nicht, was ich sagen soll, aber ... es war so, wie ich solche Besuche gewohnt bin. Anstrengend und wirr. Ich bin froh, daß wir wieder fahren und daß ich bald wieder in meiner Umgebung bin.**

na ja, anstrengend ist das schon, das weiß ich. Aber ich fahre immer wieder gerne nach Hause. Hat dir das denn gar nicht gefallen?

nein ...

für meine Familie warst du eben noch fremd, aber sonst fand ich es schön ...

ich kann weder mit deiner Familie, noch mit dir dort was anfangen ... aber nicht, weil du mir fremd bist, sondern weil ich gar keine Möglichkeiten sehe. Du huschst von hier nach dort und überall weißt du, was gerade gefragt wurde. Mir geht das nicht so.

ja, das ist mir auch aufgefallen. Wieso bist du da nicht einfach ins Wohnzimmer gegangen, statt dessen standest du da im Flur ... weißt du das?

das ist doch nicht mein Wohnzimmer. Außerdem würde ich da drinnen genauso rumstehen wie im Flur.

und bei meinem Bruder? ... du warst ja schließlich ziemlich lange auf dem Bau ...

klar, ich habe geholfen, aber es kam mir schon etwas merkwürdig vor, daß ich dazu ein paar Hundert Kilometer Auto fahren musste, um dann bei fremden Leuten im Haus ein Loch in die Wand zu stemmen. Es war eigentlich eine absurde Empfindung. Ich weiß auch nicht, wieso ... ich versuchte es deinem Bruder recht zu machen, indem ich etwas für ihn etwas Nützliches tat. Trotzdem bleibt es für mich eine Art der seltsame Selbstbeschäftigung.

dann hat dir das gar keinen Spaß gemacht?

nein ...

schade ...

ja, stimmt.

danke, daß du mitgekommen bist ...

bitte ... hattest du denn den Eindruck, deine Familie konnte was damit anfangen, daß du jemanden mitgebracht hast? Haben sie dir irgendwas gesagt? Ich meine, du hast dich doch soviel mit ihnen unterhalten ...

nein, darüber nicht. Ich glaube, es ist egal, wen ich mitbringe. Sie interessieren sich nicht sehr für mich.

ja, so war mir auch. Ich fand in ihren Aussagen keine Hinweise auf eine gewollte Annäherung. Ich fand es recht kühl und auch distanziert.

nein, so habe ich es nicht empfunden, aber ...

aber was?

aber vielleicht hast du auch recht ...

ich könnte so nicht leben ... so wie deine Familie lebt, das könnte ich nicht ... in dem ganzen Haus gab es nichts, was mich hätte auffangen können, wenn ich gestürzt wäre ... kein geschützter Raum, alles offen und irgendwie leer ... und ich frage mich, was <u>du</u> da eigentlich willst, wo du doch dort auch gar keinen Platz hast.

ich habe dort doch noch mein Zimmer ...

ja, einen materiellen Raum ... einen Raum, der diesen Namen hat ... aber dieser Raum lässt dich da bloß schlafen ... was machst du denn sonst noch da, außer daß du ständig im Haushalt hilfst?

ach ... wieder so kompliziert ... das ist halt mein Elternhaus und da fahre ich eben hin ...

Die Rückfahrt ist anstrengend. Wir kommen erst im Dunkeln an. Ruth parkt das Auto ein und dann sehen wir uns schweigend an. Ich spüre, daß sie mit dem Wochenende unzufrieden ist. Aber jetzt hat sie einen Mitwisser. Jemand, der ihr stilles Leiden bezeugen kann. Ob sie mich deshalb mitgenommen hat?

tust du mir noch einen Gefallen?
> **ja, was denn?**

schläfst du heute bei mir? Irgendwie möchte ich heute nicht alleine schlafen ...
> **ja, meinetwegen ... ich habe ja ein paar Sachen dabei ... zum Beispiel auch mein Rasierzeug ...**

ich koche auch morgen für dich, ja?
> **brauchst du nicht, aber wenn du trotzdem magst, freue ich mich darauf ...**

Wir schleppen uns die zwei Treppen hoch. An der Tür klebt ein kleiner Brief, den Ruth schnell abnimmt und in ihre Tasche steckt. Ihre Wohnung sieht doch gleich ganz anders aus als das Elternhaus und sofort fühle ich mich wohler. Ihr Sinn für ruhige Akzente ist Arznei für meine Seele.

Während sie auf dem Klo sitzt, bereite ich in der Küche einen Tee. Dabei wundere ich mich, daß ich wieder bei fremden Leuten in der Küche bin. Auf der anderen Seite erscheint es mir auch geradezu natürlich, daß Ruth einfach ohne Scham auf dem Klo sitzt. Dann höre ich die Spülung und kurz danach kommt Ruth in der Küche.

ich bin danach jedesmal ziemlich kaputt ... ich weiß
auch nicht wieso. Und wenn ich so kaputt bin, dann
möchte ich nicht alleine sein ...
>   **bist du das sonst?**
ja, ziemlich oft ...
>   **aber du hast doch jeden Tag viele Leute**
>   **um dich ... Leute, die dich mögen ...ihr**
>   **macht doch auch eine ganze Menge zu-**
>   **sammen ... das alles habe ich dann wohl**
>   **falsch interpretiert ...**
ja, vielleicht ... ich mache mir mal 'ne Wärmflasche,
ich friere irgendwie ... und laß uns dann ins Bett
gehen ... nimm den Tee mit ... machst du?

Ich nehme den Tee mit zwei Bechern, während Ruth
die Wärmflasche fertig macht. Dann gehen wir in ihr
Zimmer und während ich große Schwierigkeiten
habe, mich in fremden Zimmern vor fremden Leuten
auszuziehen, schlüpft sie ganz unbedarft aus ihren
Kleidern.
Im Bett liegend überwältigt uns schnell die Müdigkeit. Ruth drückt sich ganz fest an mich heran und
dann schlafen wir beide auch schon ein.

Am nächsten Morgen höre ich Geräusche, die mich
ruckartig aufwachen lassen. Mir erscheint der Raum
fremd, als hätte ich mich darin nicht aufhalten dür-
fen. Dann kommt Ruth fröhlich rein:

ich wollte dich noch etwas schlafen lassen, du warst
ja noch so müde ... ist es jetzt besser? ... in der Küche
steht mein Frühstück, vielleicht magst du dich zu mir
setzen ...

ja ... erst mal wach werden ... ist das Bad frei?

ja ... das große blaue Handtuch ist meins, falls du ein Handtuch brauchst ...

ja, danke ...

Im Bad hat Ruth zwei blaue Handtücher übereinander hingelegt und ich muß darüber unwillkürlich lächeln. Das Bild vom Bad ist schön. Ich überlege, wie es wäre, wenn ich hier öfter sein könnte. Aus irgendeinem Grund nimmt mich dieses Bild mit auf, ich spüre mich tatsächlich aufgenommen. Ihre kleine Reihe von Lippenstiften auf der Konsole fühlt sich wie ein Zuspruch an. Ich frage mich, ob ich in diesem Bad überhaupt streiten könnte. Vermutlich wäre dazu eine enorme Überwindung nötig.

Schade, daß es ausgerechnet jetzt an der Haustür klingelt. Ich höre wie Ruth öffnet. Ein Stimmengewirr entsteht und verschwindet langsam in der Küche.

Plötzlich ist mir die Wohnung wieder fremd. Die unerwarteten Geräusche haben mich aus dem Bild gestoßen, was sich nicht gut anfühlte. Mit schlechten Gefühlen gehe ich in die Küche, um zu sehen, wer da gekommen ist.

da bist du ja ... kuck mal, das ist Carolina ... mit ihr habe ich meine Ausbildung gemacht ...

aha ... hallo ...

das ist Matthias ...

ja ... hätte ich aber auch selber sagen können ...

kannst dich auf meinen Platz setzen ...

danke ...

Ich setze mich an den Tisch und schaue auf die vielen Gegenstände. Die Butter sieht an ihrem Platz richtig gut aus. Knäckebrot mag ich nicht so gerne, weil es so sehr getrocknet wurde. Aber Ruth und ihr Besuch essen Knäcke und kichern dabei. Dann fangen die beiden ein langes Gespräch über vergangene gemeinsame Situationen an. Die Dinge fangen an, sehr unruhig zu werden. Ich suche an der Decke nach Orten des Gleichgewichtes, aber kann nichts finden und ich spüre chaotische Gefühle in mir.

wir können doch heute alle zusammen kochen ... hättest du dazu Lust?

nein ... ich bin gleich in der Uni ...

und danach?

auch nicht ... irgendwann muß ich auch mal wieder in meine eigene Wohnung ...

ja, stimmt ... und morgen? ...

morgen was?

kommst du morgen vorbei?

ja, kann ich machen ... ich muß auch gleich los ...

komisch ... ich hatte gedacht, wir machen uns heute noch einen schönen Tag. Oder ist irgendwas mit dir?

nein ...

kannst mir das aber ruhig sagen ...

nein, es gibt nichts, worüber wir diskutieren könnten ... ich möchte jetzt wirklich los ... tschüß dann ...

ja, tschüß ... treffen wir uns später in der Mensa? ...

ja ...

kriege ich keinen Kuß?

nein ...

Ich gehe ziemlich schnell die Treppen runter und bin froh, auf der Straße zu sein. Mir sitzt der Schreck des unangemeldeten Besuchs noch in den Knochen. Mein Kreislauf ist ganz unten, ich muß langsamer gehen. Ruth war plötzlich zu einer Bedrohung geworden. Ich überlege, wie sich dieses Gefühl rechtfertigen ließ, aber mir fällt dazu nichts ein. Nun macht sich auch noch Enttäuschung breit und mich befällt eine leichte Melancholie.

Der Weg zur Uni erscheint mir heute zu weit und deshalb gehe ich gleich nach Hause. Mein Zimmer riecht ungelüftet, aber lädt mich zum Verweilen ein. Ich öffne das Fenster und lege mich auf das Bett. Dann lese ich für den Rest des Tages Carlos Castaneda und irgendwann bin ich dann eingeschlafen.

Am nächsten Tag weckt mich meine Haustürklingel. Eigentlich möchte ich jetzt keinen Besuch, aber weil es schon das vierte mal klingelt, öffne ich die Tür. Direkt an der Wohnungstür steht Ruth mit einem Blumenstrauß und einer brennenden Kerze. Sie schaut mich mit großen Augen an. Ich überlege, was das zu bedeuten hat. Mir fällt aber so schnell nichts ein. Vielleicht ist sie befördert worden. Still stehe ich an der Tür.

willst du mich nicht reinlassen?
     doch, doch ...
herzlichen Glückwunsch zum Geburtstag ...
     was?
die Anderen kommen auch noch ...
     ach bitte nein ...
doch! Laß uns doch ein wenig feiern! Jutta bringt ´ne Torte mit und alles Andere ist Überraschung!

ach nee ...

freu dich doch ... hast du überhaupt eine Vase?

**ich mag so was überhaupt nicht ... Vasen
sind in der Küche. Unten im Schrank ...
ganz links, dort sind vier Stück.**

wieso? ... das ist doch schön! Oh, kuck mal ... du hast
aber viele Vasen. Bekommst du denn öfter Blumen
geschenkt?

nein. Ich kaufe mir selber Blumen ...

das glaubst du doch wohl selber nicht. Oder stimmt
das?

doch, es ist so ... ich finde Blumen schön ...

oh, das finde ich schön ... kuck mal ... wo soll ich sie
hinstellen?

laß sie da stehen ...

hier in der Küche?

ja ... oder stell sie woanders hin ...

du, es hat geklingelt ...

ja, ich habe es auch gerade gehört ...

soll ich aufmachen? ... du mußt dich ja auch noch
anziehen ...

**ja, mach mal ... ich gehe erst mal auf ´s
Klo ... und ziehe mich dann an.**

Ruth hat auf den Summer gedrückt und nach einer
Weile höre ich die aufgeregten Stimmen. Eine Stimme möchte wissen, wo ich bin. Ich fühle mich leicht
panisch. Wieso kommen die ausgerechnet zu mir?
Ich finde es ungerecht.
Eigentlich wollte ich mich noch ausgiebig waschen,
was aber auf dem Klo nur in ganz begrenztem Maße
geht. Jemand hat die verschlossene Klotür entdeckt
und stellt Fragen. Ich kriege augenblicklich Wut und
reiße mir den Knopf am Ärmel ab.

Als ich nach einer Weile aus dem engen Klo heraustrete, ist mir meine eigene Wohnung ein wenig fremd geworden. Mir ist so, als kämen von überall fremde Stimmen.

"happy birthday to you ... happy birthday to you ..." wird gerade gesungen und schweigend ziehe ich mir meine Jacke über.

du bist ja schon ein alter Sack!

ja, vielleicht ist das so ...

und dann willst du dich an die süße Ruth ranmachen?

ich glaube, ich mache gar nichts ...

dann laß das auch ...

meinetwegen ...

wir haben dir ´n paar Bücher mitgebracht ... lesen kannst du ja!

ja, kann ich ... danke ...

gibt´s hier auch Kaffee?

ja, gibt es, es kann ja einer mal Wasser aufsetzen.

hey Jutta, machst du uns Kaffee?

Ewald ist wieder in seiner geliebten Rolle. Ich mag diese Rolle nicht. Ich überlege, warum er überhaupt gekommen ist. Möchte er auf Ruth aufpassen? Oder sucht er Streit mit mir?

Jutta bereitet den Kaffee zu, während Ruth den Tisch mit meinen Sachen deckt. Wäre es umgekehrt, hätte ich einschreiten müssen. Aber Ruth hat eine nette Art, mit verschiedenen Dingen eine wohltuende Harmonie herzustellen.

Es klingelt wieder. Hartmut und Bernd und noch zwei Frauen kommen in die Wohnung gestürmt. Hartmut kuckt mich an:

wieso hast denn deine Jacke an? Willst du schon wieder los?

nee ...

ist dir kalt?

auch nicht ...

bist du allein?

nein ... wir sind in der Küche ...

ich habe euch was mitgebracht ... hier bitte ...

danke ...

In diesem Moment kommt Ruth dazu. Sie sieht das kleine Päckchen und nimmt es mir sofort aus der Hand. „Das ist aber toll. Danke schön, Hartmut." Sie drückt ihm ein kleines Küßchen auf die Wange und verschwindet kichernd in der Küche.
Der Kaffee ist fertig und der Kuchen aufgeschnitten. Ich hole noch ein paar Sitzgelegenheiten aus meinem Zimmer, so daß jeder sich setzen kann.
Jutta schenkt den Kaffee ein und Ruth macht demonstrativ das kleine Päckchen auf.

oh, das ist aber wunderschön! Schaut mal ... das habe ich mir schon immer so sehr gewünscht! Och Hartmut, du Süßer ... danke, danke, danke!

was ist es denn?

ich weiß nicht, ob ich es sagen soll ... was meinst du?

zeig mal her ... ach so ... ins Theater ... ach du meine Güte ...

ja, Hartmut hat uns zwei Karten für „The Sleeping Beauty" geschenkt ...
oh, ich freue mich so!

wieso denn zwei?

frag doch nicht so dusselig. Für uns beide natürlich ...
oh, danke, Hartmut ... ach, ist das schön heute!

Dann essen wir auch den Kuchen. Ich vermeide den
Blick zu Ewald, weil ich nicht weiß, was ich ihm zu
den Theaterkarten sagen soll. Schließlich war das ja
Hartmuts Geschenk.
Ich überlege, wieso Ruth sich so sicher ist, daß
Hartmut sie selbst mit der zweiten Theaterkarte gemeint hat. Und wieso schenkt Hartmut überhaupt
zwei Karten? Ich fühle mich bei dem Geschenk ein
wenig unwohl, weil ich vermute, Hartmut hat da eine
ganz bestimmte Vorstellung, daß ich vielleicht nicht
gerne alleine ins Theater gehe.

wollen wir heute zusammen was kochen? Irgendwas
Besonderes? Ein Geburtstagsessen!
    **ach nein ... vom vielen Kuchen ist man
    bestimmt den ganzen Tag satt ...**
sag mal, spinnst du? ... wieso sollen wir denn nicht
was kochen? Jutta und ich kaufen auf dem Rückweg
noch ordentlich ein und dann kochen wir bei mir, ja?
    ich finde das nicht nötig ...
ja, du vielleicht nicht, aber die anderen schon und ich
wollte heute sowieso für dich kochen. Das habe ich
ja versprochen ...
    wem denn?
ja, dir!
    ich möchte das eigentlich nicht ...
dann koche ich eben für mich und dann kommst du
eben dazu!
    puh ...

Die Kaffeerunde löst sich auf und nachdem alle gegangen sind, krieche ich total kaputt ins Bett. Ich überlege, wer bloß auf die Idee gekommen ist, meinen Geburtstag zu feiern. Ein schlechter Wochenanfang. Meine Lust, in die Uni zu gehen, ist gleich null. Zum Schlafen bin ich zu nervös. Irgendwann stehe ich auf und hole die Blumenvase aus der Küche und stelle sie auf meinen Schreibtisch.

Dann gehe ich in die Küche und wasche ab, nebenbei lese ich weiter das Buch von Castaneda „Eine andere Wirklichkeit". Darin beschreibt er eine eher konstruktivistische Sicht der Welt, die aus einem noch unbewußten Willen entsteht. Man könne sich aber auch dieses Wollens bewußt werden und diese Welt absichtlich entstehen lassen. Darüber denke ich beim Abwasch nach. Warum sollte man das wollen, daß eine Welt entsteht? Wer treibt mich dazu an, diese Phänomene des Wirklichen genauso so zu interpretieren wie es alle tun? Werden sie dadurch erst wirklich? Ist das genetisch bedingt? Oder ist es vom kollektiven Unbewußten hervorgebracht oder sind es subtilste Gewöhnungen meines Geistes, die sich dann wie karmisch bedingt vor mir auftun? Wenn die Wirklichkeit tatsächlich von meinem Wollen abhängig ist, dann ist sie nicht getrennt von mir, dann ist sie Teil von mir. Dann ist sie auch nicht „außen", sondern ich schaue und höre ständig in mich selbst hinein.

Diese Tasse hat einen feinen Sprung, ich sortiere die Tasse aus. Mir ist nicht bewußt, daß ich der sein will, der die Tasse aussortiert. Aber ich bin der, der von den unzähligen Möglichkeiten ausgerechnet diese wählt und die Tasse in den Müll wirft. Und nur diese! Auswahl oder Entscheidung, frage ich mich. Habe ich bloß ausgewählt? Oder habe ich mich zu etwas entschieden?

Bei Castaneda steht der Gedanke, daß sich irgend etwas in uns entscheidet ohne daß wir wissen, was es ist und hinterher können wir bloß zugeben, daß sich etwas entschieden hat. An der Entscheidung selber haben wir aber nicht bewußt teilgenommen. Hinke ich mit meinem Bewußtsein der Zeit immer etwas nach?

Die Haustür klingelt und betätige den Summer. Im Treppenhaus höre ich ein Trommelfeuer von Schuhgeräuschen. Ruth und Jutta stürmen in die Wohnung.

bist du noch nicht fertig?

ich wasche gerade ab ...

ja und? ... du hast heute Geburtstag ... willst du dir nicht mal was Schickes anziehen?

heute ist Dienstag ... und das ist genauso konstruktiv wie mein Geburtstag heute. Ebenso hätte ich auch einen anderen Namen haben können oder du auch. Hannelore zum Beispiel ...

hör auf damit ... zieh dich um, ja? ...

auf jeden Fall ändern die Konstrukte nichts an der Tatsache, daß ich ein wahrnehmendes Wesen bin. Ständig am Wahrnehmen und ständig am Verkonstruieren der Signale. Und die Muster meiner Konstruktionen spiegeln meine Persönlichkeit wider. In meiner Persönlichkeit spielt Geburtstag nicht so eine Rolle wie bei dir.

was?

Geburtstag sagt mir gar nichts ...

freust du dich denn gar nicht?

     nee ...

und?

     eigentlich sind mir diese Tage lästig ...

und die Geschenke? ...

     auch ...

Ruth läßt die Arme sinken. Jutta sagt laut: „Schön doof!" So stehen wir drei im Flur.

Nach einer Weile gibt Ruth Jutta ihre Schlüssel und sagt ihr, sie könne schon mal in der Küche anfangen, sie komme gleich nach. Dann ist Jutta weg und wir allein.

du kannst ruhig die Tür wieder zu machen ...

     ja, stimmt ...

und wir können auch in die Küche gehen ...

     ja ...

dann helfe ich dir schnell ... und wir können anschließend noch einen Kaffee trinken ... ja?

     ja ...

oh ... wo sind denn meine Blumen geblieben? ... hast du die etwa weggeworfen? ...

     nein ... die stehen auf meinem Schreibtisch ... da stehen die besser ...

ach, das ist lieb ... dann magst du also doch Geschenke?

     ja, weiß ich jetzt nicht ... also ein Geschenk ist ja schon deswegen gut, weil man dadurch ganz einfach in den Besitz von etwas kommt. Ohne viel Mühe.

och, das meine ich jetzt aber nicht ...

     ja, weiß ich. Ich wollte das bloß abgrenzen. Und dann gibt es für mich noch Ge-

>schenke, die sind wie Fingerzeige auf andere Personen. Die mag ich natürlich ganz besonders...

und die Anderen? ...

>da verstehe ich gar nicht, wieso man die überhaupt schenkt. An einem Dienstag zum Beispiel ... oder an so einem konstruierten Geburtstag ...

und die beiden Theaterkarten? ... war das nicht lieb von Hartmut? ...

>wieso eigentlich zwei?

ja, für uns beide natürlich ...

>ja, du sagst das so ... die Zweite könnte doch für jeden x-beliebigen sein ...

nein, Hartmut hat mich vor einiger Zeit gefragt, was man dir so schenken kann ... und dann hat er uns ja schließlich neulich zusammen im Cafe gesehen ... so ganz nah beieinander ...

na ja, dann hat er eins und eins zusammen gezählt ...

>ach so ... und willst du mit mir da überhaupt hin? Das war ja Hartmuts Idee ...

ja klar! Wieso fragst du eigentlich?

>ja, weil ich das nicht weiß ...

spürst du das nicht?

>das du mitkommen möchtest?

ja ...

>das kann man doch nur wissen, wenn man danach fragt ...

nein ... das spürt man aber auch ...

>so? ... wie denn?

ja, einfach so ... komm mal her ...

>was denn?

komm mal in meinen Arm ... einfach nur in meinen Arm ... nichts denken ... nichts sagen ... einfach nur da sein ... nur fühlen ...

ja ...

fühlst du? ...

ich weiß nicht was ...

wer nimmt dich denn so in den Arm ... fühle mal hin ... nicht denken jetzt ... brauchst auch nichts machen ... kuck mich mal an ... du bist gemeint, Matthias ... spürst du es jetzt? ...

ja ...

und? ...

das bist du Ruth ... ja, das bist du ...

ja, das bin ich ... leg mal deine Arme um mich ... ruhig noch fester ...

spüre, daß ich es bin ...

So umarmen wir uns noch eine ganze Weile. Dann wasche und rasiere ich mich und ziehe was Gutes an. Ruth macht den Kaffee fertig, den wir noch gemütlich trinken. Dann geht es los.

Auf der Straße ist es ungewöhnlich ruhig. Es ist ein heißer Sommertag. Die Mädchen und Frauen tragen heute meist Röcke und meinem Auge fallen automatisch die Proportionen auf. Nur in ganz wenigen Fällen erfreue ich mich dran.

schau mal da ...

meinst du die im Mini?

ja ...

was ist mit der? Findest du Mini gut?

ja, ich meine ... der Rock sitzt genau richtig. Das sieht super aus ...

ich habe nicht so schöne Beine ...

ich schaue nicht auf die Beine, sondern auf die Proportionen ... zusätzlich hat sie aber auch einen sehr schönen Rock an ... und kann sich darin bewegen ... findest du nicht?

doch ... magst du solche Röcke? ...

in diesem Fall ja ... sehr sogar ...

soll ich mir auch so einen kaufen?

ja, keine Ahnung. Das weiß ich doch jetzt nicht ... es müßte schon einer sein, der dir steht und der dich sehr harmonisch erscheinen läßt. Wieso fragst du?

einfach nur so ...

wollen wir zusammen einen kaufen oder machen das die Frauen lieber alleine, so unter sich?

au ja! Los, das machen wir! Wir schauen gleich mal hier in dieses Geschäft. Die haben recht edle Sachen, fast schon 'ne Boutique ...

wir suchen aber nicht nach einem edlen Rock, sondern nach einem Rock, der zu dir paßt, ja?

ja, das meine ich ja ...

das habe ich nicht so verstanden ...

aber das meine ich sowieso ...

Wir vergessen Jutta in der Küche und gehen in das Geschäft. Die Verkäuferin schaut mich nur kurz an und ist dann sofort mit Ruth in einem Gespräch. Ich sehe, wie verschiedene Röcke herangereicht werden. Heute sind florale Muster modern. Bei den Gezeigten ist das Muster modern, dafür der Schnitt langweilig. Ruth verschwindet mit zwei Röcken in der Umkleidekabine. Ich stehe abseits und beobachte ein paar

164

Leute, die irgendwas suchen. In der Zwischenzeit ist Ruth schon wieder aus der Kabine und die Verkäuferin richtet noch ein wenig den Rock. Ich höre, daß beide den Rock schön finden. Ruth kommt strahlend auf mich zu.

wie findest du den? Ist der nicht toll? Ganz aus Seide ... topmodern!

schrecklich! Der Rock macht aus dir zwei Hälften, die irgendwie überhaupt nicht zueinander passen.

So? Ich finde den Rock toll. Endlich mal einer, der meine Beine nicht so dick macht ...

mag sein, aber der Rock sitzt nicht hoch genug. Kuck mal, der Rock müßte so hoch sitzen, daß er auch hier am Po ein wenig absteht ...

finde ich nicht ...

der sieht aus, wie ein gekürzter Sack und der formt dich gar nicht ...

Etwas mißmutig verlassen wir das Geschäft. Ruth ist enttäuscht und kämpft mit ihrer Fassung.
Die Verkäuferin hat mit dem Kopf geschüttelt und ich wollte Ruth nicht in einer Disharmonie.

was ist denn mit dir los? Du hättest auch gleich sagen können, daß du zum Rock kaufen eigentlich gar keine Lust hast ...

ich habe ja Lust ...

das hat man aber nicht gemerkt ...

der Rock hat dir für meine Augen nicht gestanden. Er zerteilte dich und formte dich nicht. Deine Erscheinung wäre ge-

stört ... jedenfalls ist das meine Empfindung ... der Stoff war schön und der Schnitt langweilig, das waren die Gegebenheiten, auf die ich reagiert habe.

aber ich kann den Rock nicht so weit oben tragen, weil ich dann so einen Riesen-Arsch habe. Wie sieht das denn aus? Und dann mußt du das auch noch sagen mit dem Po ...

Rock und Po gehören aber zusammen. Der Rock formt den Po, das ist einfach so. Und weil du eine sportliche Figur hast, könntest du sogar einen Faltenrock tragen, der deinen Po eben sportlich formt. Ein Gegenbeispiel soll der enge Rock sein. So etwas sieht gut aus, wenn man meist irgendwo rumsteht. Vielleicht auf Empfängen, aber das weiß ich nicht so genau. Vielleicht steht man da aber auch nicht, aber ich glaube doch. Weißt du, was ich meine? Einen Faltenrock können eigentlich nur sportliche Frauen tragen, nicht nur weil er durch den Schattenwurf seiner Falten, den Körper auch noch vertikal betont, sondern weil er auch noch eine hohe Eigendynamik hat ...

Ruth sagt dazu nichts, aber ich sehe, daß sich ihr Gesicht wieder entspannt hat. Sie schließt die Wohnungstür auf und uns kommt schon ein würziger Essenduft entgegen. Jutta hat sich eine Schürze vorgebunden und hantiert mit allerlei Geräten, Töpfen und Besteck. An der Stuhllehne erkenne ich die Jacke von Hartmut. Ich überlege, wann die gesamte Clique hier wieder vollständig ist.

166

Ich stehe am Fenster und schaue nach draußen. Der Baum gegenüber hat eine Krone, die aus genau drei mächtigen Ästen besteht, die aus meiner Sicht die Krone in drei gleichgroße Teile teilt. Irgendwie ein schönes Bild.

bist du depressiv?

was ? ... ach du, Hartmut ... nein, wieso ?

stehst da die ganze Zeit am Fenster ... ganz still und rührst dich nicht ...

ach so, nein ... ich schaue ganz gerne da drüben die Bäume an ...

ist das okay mit den beiden Karten?

ja, danke noch mal ... ja, wirklich ...

ich meine, du bist doch mit ihr zusammen, oder?

meinst du mit Ruth?

ja ... euch sieht man ja ständig zusammen ...

ja, kann schon sein ...

kann sein?

ja, ich weiß das auch nicht so genau ...

ach, du weißt das nicht so genau ... Mann, so warst du auch schon in der Schule ... immer paar coole Sprüche drauf ... Ewald will bestimmt ein klares Wort von Ruth, solange wird er weiter baggern ...

ja, stimmt ... Ewald ist mir gegenüber irgendwie recht seltsam ... habe mich mit ihm früher besser verstanden ...

seltsam? ... der ist eifersüchtig! Das ist es.

ach so ...

ich finde, daß sich Ruth schon ziemlich eindeutig verhält ... aber vielleicht rechnet er noch mit irgendwelchen Chancen ...

was brummt er denn mich ständig an, soll er doch Ruth fragen ...

ach, wer hat es denn nicht schon mal bei der Ruth probiert.

so?

aber so ein Bettspringer scheint sie ja nicht zu sein ... die hat bestimmt noch nie ... da hast du bestimmt noch eine Jungfrau vor dir ... oder ist sie das nicht mehr?

woher soll ich denn das wissen ... frag sie doch selber. Ich glaube, sie weiß darüber selber am besten Bescheid ...

ach, ihr wart noch gar nicht im Bett? ... ich dachte, weil sie sich immer so randrückt ...

was willst du denn jetzt eigentlich von mir? Ja, ich habe hier schon mal über-nachtet, wenn du das wissen wolltest ...

ist wohl ein schlechtes Thema für dich ... okay ...

Hartmut wendet sich von mir ab. Jutta und Ruth sind mit der Essenzubereitung fertig. Wir sind mal wieder zu siebent. Es soll ein Geburtstagsessen für mich sein. Man meint, es sei mein Lieblingsessen und ich habe es mir so gewünscht.. Ich überlege, wie ich mich da am besten verhalte.
Jutta sagt ein kleines Gedicht auf und alle lachen. Ich auch, weil es so selten ist, daß alle gleichzeitig lachen. Dann wird serviert. Es gibt Fisch mit Reis und Gemüse. Ruth meint, ich esse so gerne Fisch, was auch stimmt. Mich befällt wieder das Gefühl der besonderen Situation. Mir ist so, als kämen aus allen Himmelsrichtungen fühlende Wesen gerade zu dieser Zeit an diesen Ort, um miteinander zu essen. Und es sind nicht irgendwelche Leute. Niemand ist aus-tauschbar. Es sind genau diese Leute hier. Ich schaue mir jeden einzeln an. Ich finde es großartig, daß jeder

es auch beherrscht, tatsächlich an diesem Tisch zu sitzen und sogar auch Fisch, Reis und Gemüse zu essen. Jeder von seinem Teller. Ich finde die Situation ganz außergewöhnlich. Alle sitzen und essen, ganz selbständig. Ich kann das Gesehene kaum fassen, aber alles scheint wie durch Zauberhand wundervoll zu funktionieren.

Dann beginnt Ewald plötzlich ein Gespräch:

ich mache demnächst ein Forschungsprojekt in Paris und bräuchte dazu noch eine Assistentin. Wird von der Uni bezahlt ... Anreise, Aufenthalt und so ...
  wieso nimmt die Uni keinen Assistenten? Sondern nur Frauen?
du brauchst dich da gar nicht bewerben, du kannst ja eh kein französisch ... und mit deinem Altgriechisch mußt du schon zu Hause bleiben ... aber wie wäre es da mit dir, Ruth ... du kannst doch französisch ... hättest du nicht Lust? So als meine Assistentin in Paris?
  ja, hört sich doch gut an ...
ja, ne ... aber ich habe ja Ruth gefragt ...
  aber Ruth ist gar nicht an der Uni und das ist bestimmt schon mal eine Mindestvoraussetzung ...
dich habe ich nicht gefragt!
  ja, stimmt ...

Ruth kichert und flüstert Jutta was ins Ohr. Ich überlege, wieso ein Student eine Assistentin für ein Projekt auswählen kann und darf, die dann auch noch von der Uni bezahlt wird. Das klingt mir zu sehr nach unkontrollierbarer Willkür und auch nicht nach amtlichen Maßstäben. Wieso

Jutta hat den Nachtisch geholt. Am Tisch gibt es drei Gespräche gleichzeitig und ich lehne mich etwas zurück, damit ich aus dem Fenster schauen kann. Irgendwann gehe ich auf das Klo und lese dort. Nach einiger Zeit klopft Ruth an der Tür:

deine Gäste wollen gehen ...
> **ja, soll ich Wiedersehen sagen?**

ja ... mach schon ... und sag auch „danke"
> **ja, mache ich ... geht Ewald auch?**

der macht dir wohl zu schaffen, was?
> **ja, ich finde ihn ziemlich anstrengend ...**

sei doch mal ein wenig eindeutiger ... dann hört das von ganz alleine auf ...
> **wie eindeutig?**

wenn du den Gästen „Tschüß" sagst, kannst du mich ja im Arm haben ... ja? ... machst du? ...
> **ja, meinetwegen ...**

In der Küche ist es immer noch ziemlich laut. Es haben sich wohl hitzige Gespräche ergeben. Hartmut hat seine Jacke schon an und gibt mir die Hand. Ich nehme Ruth in meinen linken Arm und verabschiede erst Hartmut und dann Ewald. Wie mir aufgetragen, nehme ich dazu Ruth in den Arm.

> **tschüß ... und danke für alles ...**

na, jetzt traust du dich was, oder?
> **was meinst du?**

steck ´n Brief von mir mit rein!
> **wie? ... was für ´n Brief?**

Hartmut und Bernd lachen laut auf und schauen dann aber schnell weg und gehen in den Flur.

170

„Alte Sau!" zischt Ruth Ewald an und schuppst ihn kräftig an, „Los, hau ab hier!" und dann gehen alle ziemlich schnell, ohne daß ich mich noch überall bedanken konnte.

was für einen Brief denn?
hör auf damit! Statt so doof zu fragen hättest du ihm eine reinhauen sollen! So ein Schwein!
der ist jetzt eifersüchtig, oder?
ja, klar ... und das hättest du mit ihm schon vorher klären können. Statt dessen wartest du so lange bis er mich beleidigt!
entschuldige, aber das habe ich nicht so mitgekriegt ...
ja, das habe ich gemerkt ... na ja, jetzt ist sowieso alles zu spät ... den grüße ich nicht mehr ...
heißt das, daß du dich jetzt nicht mehr auf die Assistentenstelle bewerben willst?
oh Gott, du merkst aber auch gar nichts ... das hat der doch bloß so erzählt ... der und Paris! Das glaubst auch nur du ...
das hätte ja auch sein können ...
nein, hätte es nicht ... das merkt man doch ... so, und nun will ich davon nichts mehr hören ... hilf mir mal noch beim Abwasch, schließlich war das Essen ja auch für dich ...

Schweigend machen wir die Küche klar. Ich überlege, was ich da überhört haben könnte, habe dafür aber zu wenig Anhaltspunkt. Ich spüre, daß Ruth ziemlich gereizt ist und will daher nicht nachfragen. Mich beschämt es sehr, daß ich ihr nicht im richtigen Moment geholfen habe. Mir ist schwindelig und ich muß mich setzen.

ich habe keine Ahnung, was da falsch gelaufen ist!

versprich mir, daß du Ewald gegenüber in Zukunft klarer bist!

ja, mache ich. Aber was soll denn klarer sein? Ich habe eben schon überlegt, mir fällt nichts ein. Ich habe doch mit Ewald nichts zu tun. Der studiert ein ganz anderes Fach. Ich weiß auch nicht, wieso der in der Clique ist. Über Jutta vielleicht?

ist mir jetzt egal ...

ja ...

magst du mich eigentlich?

ja, bestimmt ... sehr sogar ... wir kommen miteinander gut aus ...

dann zeig das doch auch mal den Anderen!

du meinst, Hartmut und die Anderen?

ja, die warten doch darauf. Und ganz besonders Ewald! Dieses blöde Schwein! Zeig ihm doch, daß <u>du</u> an meiner Seite gehst. Und daß er bei mir keine Chancen hat.

so habe ich das noch gar nicht gesehen ...

ja, das habe ich gemerkt ... oder möchtest du gar nicht mit mir zusammen sein?

doch ...

sei doch jetzt endlich mal nicht so schüchtern!

ich bin gar nicht schüchtern ... ich weiß bloß nicht, was ich jetzt machen soll ...

was würdest du denn jetzt am liebsten tun?

dieses Ratespiel beenden und mit dir schön spazieren gehen ...

was? ... ist das dein Ernst?

ja ... und ich würde mich freuen, wenn du

ein paar Sachen von hier einpackst und mitkommst ...

Ruth packt ihre Wolldecke in einen Korb und nimmt noch zwei Wasserflaschen hinzu. Dann zieht sie ihr Kleid über den Kopf aus, holt sich T-Shirt und einen kurzen Rock. Schnell hat sie beides übergestreift. Mit ein paar Handgriffen steckt sie sich einen buschigen Pferdeschwanz zurecht und schaut mich dann wieder mit ihren großen Augen an.

so, wir können ... nimmst du den Korb?

ja, mache ich ...

und? ...

es tut mir leid ... ich schäme mich dafür, daß ich dir nicht geholfen habe. Aber ich habe seinen Angriff gar nicht bemerkt. In Zukunft werde ich ihm gegenüber eindeutig zu dir stehen. Ich verstehe jetzt die miese Zeit mit ihm viel besser. Er wollte dich als Freundin und ich war ihm im Wege. Nun gut, das weiß ich jetzt ...

wirklich?

ja ... wirklich ...

sag mal, mußt du das alles so mit dem Kopf machen?

ja, ich denke, das macht doch jeder, oder?

ich nicht ... ich fühle das gleich ... da brauche ich nicht lange drüber nachdenken ...

gar nicht?

nein ... ich brauche darüber nicht nachdenken ... das erschließt sich für mich sofort ...

komisch ...

Dann machen wir die Wohnungstür von außen zu und rennen ausgelassen die beiden Treppen herunter. Im Auto ist eine Superhitze und wir lüften, indem wir alle Klappen am Auto öffnen. Nach einer Weile setzen wir uns vorsichtig hinein und Ruth fährt los.

wohin?

> **einfach bloß weg ... einfach geradeaus ... aber nicht nach Cappeln, da wohnt Jutta... und da hat es ja auch schon ein Mißverständnis gegeben ...**

was hast du denn? ... die kann uns beide doch ruhig sehen. Dann weiß die auch gleich Bescheid und muß dich nicht zur Wohnungsbesichtigung einladen ... und du Dussel würdest da auch noch hinfahren ...

> **ich sage dazu nichts ... wir hatten das Thema ja schon ...**

stimmt ... ich fahre hier rechts ab und dann fahren wir ein wenig in die Berge dort drüben ... da können wir wunderschön spazierengehen ...

Wir finden an einem Waldstück eine Parkmöglichkeit und halten an. Gleich nachdem wir ausgestiegen sind, läuft Ruth los und dreht sich im Kreise. Sie ist ganz ausgelassen und springt und hüpft umher.

wie sehe ich aus?

> **wunderschön!**

und der Rock?

> **auch toll ...**

du hattest ja recht, Matthias ... der Rock in dem Geschäft war gar nicht so schön, aber das habe ich erst bemerkt, als du es mir gesagt hast ... und dann war mir das unangenehm vor der Verkäuferin ...

ich fand nicht, daß sie Interesse hatte, dich zu beraten ...
stehst du eigentlich auf Miniröcke?
was mache ich?
ach, entschuldige ... doofe Frage an dich. Ich nehme sie zurück, ja?
frag doch was anderes ...
ja, ich möchte mich jetzt hier auf die Decke legen ... und die Decke ist auch für dich, weißt du das?
ja, weiß ich ...

Wir legen uns auf die Decke und dösen so vor uns hin. Ein frischer Sommerwind weht von links herüber. Zwei kleine schwarze Punkte am Himmel strömen ziemlich schnell von rechts nach links und machen plötzlich einen Höllenlärm, daß wir uns beide erschrocken aufsetzen. Ruth kichert und streichelt meinen Arm. Dann legen wir uns wieder hin, Ruth kuschelt sich an mich und wir dösen wieder. Es ist wunderschön.

du hast ja heute Geburtstag ...
ach ja, stimmt ...
ich wollte ja eigentlich schon die ganze Zeit für dich kochen, aber ich glaube, das ist mir nicht gelungen ... ich habe das gleich gespürt, daß das nicht so in deinem Sinne war ... wieso eigentlich?
keine Ahnung ...
aber es ist mir nicht gelungen ... und ich wollte so gerne ...
stimmt ...
hat es dir nicht geschmeckt? ...

> doch, das hat mir geschmeckt ... ganz gut
> sogar ... aber irgendwie habe ich mich
> dabei nicht wohl gefühlt ...

du meinst, es waren zu viele Leute da? Möchtest du
mit mir ganz alleine sein?

> das erinnert mich an meine Tante, die mir
> davon berichtete, daß ich als kleines Kind
> immer nur sie alleine wollte ... also nur sie
> und ich ... aber ich glaube, das ist es nicht.

was ist es denn? ... beschreib mal ..

> das kann ich gar nicht ... ich könnte dir
> nicht sagen, was du machen sollst ... und
> gleichzeitig habe ich den Eindruck, es wä-
> re ganz einfach in Worte zu fassen. Aber
> jedesmal, wenn ich das probiere, dann
> fehlt es mir am Überblick, wohin ich ü-
> berhaupt hinaus will. Verstehst du?

nein ... jedenfalls nicht so ganz. Was hat das denn
eigentlich mit Kochen zu tun?
Du kannst doch ganz einfach sagen „Ich mag gerne
Nudeln mit Tomatensoße" und dann würde ich dir
das kochen. Und fertig.

> das wäre für mich so, als würde ich mir
> irgendein Essen von einem beliebigen
> Nachbarn wieder warm machen lassen.
> Das dann aufessen, Geschirr abwaschen
> und fertig. In diesem ganzen Essvorgang
> kämest du gar nicht drin vor. Und es wä-
> re egal, ob mir das Essen schmeckt oder
> nicht. Ich würde dich im Essen nicht fin-
> den.

ach ... ich bin doch keine Nudel!

> ich meine, ich wünsche mir dabei eigent-
> lich ein Gefühl von dir ... also, wenn du

für mich kochst, dann denke ich, könnte ich dich auch spüren ... aber irgendwie klappt das nicht ...

du spürst mich doch auch sonst. Was willst du denn da beim Essen Besonderes spüren? Das verstehe ich nicht. Ich stelle mir vor, du ißt und es schmeckt ... ja, und dann?

was heißt, ich würde dich auch sonst spüren? Natürlich spüre ich irgendwas, aber es entsteht keine Gewißheit, daß du es bist.

du fragst dich, was mich ausmacht?

ja, philosophisch ist das eine gute Frage. Die Frage nach der Identität und Individuum. Und dann sind wir auch ganz schnell bei Descartes, nämlich ob wir uns überhaupt solchen Zuständen gewiß sein könnten. Oder ob das alles ein bloßes „Für wahr halten" bleibt. Ich fühle mich ständig unsicher, wenn ich Nähe zu dir spüren will. Ich habe oft das Gefühl, diese anfängliche Nähe zerfließt sehr schnell in einen chaotischen Zustand, sodaß es eigentlich immer bei diesem Anfangsstadium bleibt. Ich würde gerne darüber hinaus.

oh Gott ist das kompliziert ...

was denn jetzt?

alles! Wenn du Nähe haben möchtest, kannst du dich doch ganz einfach in meinen Arm legen ... fertig. Und wenn ich dir was koche, dann kannst du das doch mit Genuß aufessen. Wozu all dies Komplizierte?

habe ich doch gesagt. Wenn ich mich in deinem Arm lege, dann wird es für mich sehr kompliziert. Weil ich einmal glaube, den Prozeß der Annäherung nicht steuern zu können und zweitens weil ich von eigenen Gefühlen überschüttet werde, die sich bloß chaotisch anfühlen. Ich suche wie jeder Andere nach etwas Schönerem.

puh ... was hat das alles jetzt mit Kochen zu tun?

weiß ich jetzt auch nicht ...

ich will dich nicht ärgern ... ich will verstehen. Wenn ich in deinem Arm liege, dann habe ich überhaupt keine Probleme, dann ist einfach bloß schön ...

mußt du darüber nicht erst nachdenken?

nein, überhaupt nicht ... sag bloß, du denkst da jedesmal drüber nach ...

ja, wieso?

ja, dann laß das doch einfach ...

das Denken? ... das kann ich nicht lassen. Ich weiß ja sonst nicht, wie es weitergehen könnte. Das ist es eben. Wenn du so ganz normal kochst, dann muß ich darüber nachdenken, wenn ich auf dein Kochen reagieren soll. Ich muß überlegen, wie ich reagieren soll. Wie es am besten wäre damit die Situation weitergeht und nicht stockt. Und es zum Beispiel keinen Streit gibt oder eben die ganze Situation chaotisch wird..

bitte, was machst du? Mußt du auch darüber nachdenken, wenn ich hier meinen großen Zeh bewege?

wenn ich darauf reagieren soll, dann ja ... sonst sehe ich bloß einen großen Zeh, der sich bewegt ...

und ganz spontan?

spontan ist ziemlich langweilig ... das gefällt mir meist gar nicht ...

Dann war das Gespräch zu ende und wir dösen wieder. Ich schaue wieder in dieses geheimnisvolle Blau mit dem unendlichen Kosmos dahinter. Ruth hat sich in meinen Arm gerollt. Ich glaube, sie schläft. Nach einer Weile setzt sie sich hin:

weiß du was?

was denn?

ich koche noch einmal für dich ... ich mache das einfach alles noch einmal. Ich habe so eine Idee bekommen. Vielleicht habe ich dich ja jetzt besser verstanden ...

ja ... ich meine, du brauchst das aber nicht ...

ich mache das auch ganz alleine. Ich glaube, das war gar nicht so gut, daß Jutta dabei war. Und ich glaube, ich werde das am besten so machen, als seiest du erst mal bloß der Zuschauer. Was meinst du?

ja, das klingt gut. Das klingt ja wie bei Krishnamurti, ein indischer Philosoph. Der sagte, daß ...

bitte jetzt mal nichts Kompliziertes, ja? ...

ja, gut ...

mir ist kalt ... wärmst du mich? ...

wie kalt? schlimm? Sollen wir ins Auto?

ach was, du sollst mich wieder in den Arm nehmen ... das reicht schon ... machst du? ...

ja, mache ich ...

Am nächsten Tag gehe ich wieder in die Uni. Die Vorlesung zum Thema Kirchengeschichte macht mich ziemlich nüchtern. Ich frage mich, ob nicht Glaube und Macht bloß zwei verschiedene Aspekte von einem Dritten sind. Der Zweifel am Phänomen Glauben bohrt sich tief in meine Gedanken.

In der Pause tausche ich mich darüber mit Hartmut aus. Er hat eine ähnliche Meinung wie ich. Allerdings wühlt ihn das nicht so auf wie mich. Ich dagegen bin ganz konfus und habe Schwierigkeiten, richtige Worte zu finden. Zum Schluß fehlt den Worten auch noch ihr Zusammenhalt, was ich selber auch bemerke. Ich bin froh, daß Hartmut meinen Wortsalat gelassen hinnimmt ohne mich durch böses Necken noch stärker zu reizen.

Ich kann mich an so manchen philosophischen Streit erinnern, wo ich eine gewisse Gewaltbereitschaft im Auditorium verspürte, die mich zutiefst ängstigte. Heute packt mich wieder diese Angst. Ich beschließe deshalb, die Uni zu verlassen.

Auf dem Weg überlege ich, wohin ich gehe. Ob Ruth schon zu Hause ist? Muß ich da jetzt hin oder kann ich auch noch was anderes tun? Es ist ein anstrengender Tag. In einem Schaufenster sehe ich ein Bügeleisen, was mich aus irgendeinem Grund fasziniert. Ich gehe in das Geschäft und lasse es mir vorführen. Ich merke sehr schnell, daß die Verkäuferin meinen Gedanken nicht folgt und verlasse wieder das Geschäft. Auf der Straße stockt der Verkehr, vermutlich kann ein einzelnes Auto nicht weiterfahren und es entsteht ein Stau.. Die Polizei fährt gerade weg, vielleicht ist ja auch ein Unfall passiert. An einem Auto erkenne ich einen kleinen Blechschaden und hoffe, daß niemand verletzt wurde und gehe an einer Menschengruppe vorbei. Plötzlich springt jemand auf mich zu.

oh, da bist du ja! Schön, daß du da bist ... ich bin ja so unglücklich ...

> ach, hallo ... hab´ ich mich erschrocken ...
> ja, was ist denn los?

mir ist einer reingefahren oder ich ... ich weiß das jetzt auch nicht mehr so genau. Es ist schrecklich! Der schöne Wagen ist kaputt. Bleib bitte jetzt bei mir.

> ach, du bist es Ruth ... ja, dann kucken
> wir erst mal, was da kaputt ist. Hat die
> Polizei den Unfall denn schon aufgenom-
> men gehabt?

ja, das ist alles schon fertig. Den Wagen haben sie mir in die Parkbucht geschoben ... ich kann gar nicht mehr so richtig laufen, so doll zittern mir die Beine ...

> ja, so viel ist doch daran gar nicht kaputt.
> Das ist doch gar nicht so schlimm. Springt
> der Motor noch an?

weiß ich nicht ...

> ich finde, daraus machen wir einen fran-
> zösischen Wagen. Die haben immer Beu-
> len. Das wird sicher auch Ewald gefallen.
> Ich höre ihn jetzt schon fragen ... das soll
> jetzt ein Witz sein!

ich kann jetzt nicht lachen ...

Ich probiere den Wagen zu starten und der Motor springt sofort an. Dann untersuche ich, ob wichtige Funktionen beschädigt wurden, was aber augenscheinlich nicht der Fall ist.

> los, setzt dich rein, ich fahre dich nach
> hause ...

geht denn das? ...

> ja klar, komm steig ein ... der Wagen hat
> bloß Beulen abgekriegt. Wie jeder, der im
> Leben steht. Wieso nicht auch mal dein
> Auto?

ach, du bist lieb ... danke.

> ja, bitte ... wir können auch irgendwo
> noch einen Kaffee trinken ...

ich möchte lieber nach Hause ... ohne Umwege ...

> okay, dann trinken wir bei dir noch einen
> Kaffee.

meinetwegen ... ach, Mist, daß das passiert ist ...

> ja, stimmt ...

wieso habe ich da nicht aufgepaßt?

> manche Ereignisse lassen sich nicht so
> einfach verhindern ... mach dir da mal
> keinen Vorwurf, du bist eine gute Auto-
> fahrerin ... das ist zwar auch nur eine
> Hypothese, aber sie stützt sich auf meine
> Erfahrung mit dir.

ich hätte aufpassen können ...

> hast du ja ...

so? ... dann wäre aber nichts passiert ...

> doch, natürlich wäre auch dann was pas-
> siert ... es ist doch nicht alles von deiner
> Willkür abhängig, manche Dinge kannst
> du gar nicht beeinflussen. Und da, wo es
> auf dich drauf ankam, da hattest du be-
> stimmt aufgepaßt. So ist meine Erfahrung
> mit dir.

meinst du?

ja, ganz ehrlich ... wir sollten vielleicht jetzt das gute Wetter nutzen, ich hätte Spaß daran, mit dir heute einen Rock zu kaufen ... oder ein Dirndl ...

dafür bin ich jetzt nicht in Stimmung ... ein anderes Mal können wir das ja noch mal probieren. Aber dann in einem anderen Geschäft ...

Ruths Wagen läßt sich gut parken, weil er kurz und übersichtlich ist. Ich wollte noch etwas zu dem Blechschaden sagen, aber Ruth hat schon die Haustür aufgeschlossen und flitzt die Treppen hoch. Ich höre, daß sie weint.

In ihrer Küche brühe ich den Kaffee auf. Ruth ist im Klo und weint immer noch. Ich gehe an die Klotür und frage:

soll ich zum Kaffee Schlagsahne machen?

das ist mir doch jetzt egal ...

der Kaffee schmeckt heute besonders gut, ich habe ihn mit etwas bitterem Kakao gemacht ... und jetzt gibt es noch Schlagsahne dazu ... hast du vielleicht noch Kekse?

Nach einiger Zeit kommt Ruth in die Küche. Ihre Wimperntusche ist völlig verschmiert. Ich habe den Tisch gedeckt, es gibt Kaffee mit Schlagsahne. Das Bild vom Kaffeetisch ist äußerst stimmig, es sind drei gleichschenkelige Dreiecke und das macht mich fröhlich.

Kekse sind im Schrank ...

komm, setz dich ...

der ist einfach so rübergefahren ... da konnte ich gar nicht mehr ausweichen ...

ich weiß ...

der hat gar nicht geschaut ... ist einfach so rübergefahren ...

ja, weiß ich doch ...

der Polizist hat dann noch gefragt, ob ich was getrunken hätte!

das ist doch schon alles erledigt ...

was?

das mit dem Unfall ... jetzt schauen wir uns das Resultat an. Das sieht doch gar nicht schlimm aus.

ich finde das aber sehr schlimm ...

was denn? Das du ab heute ein französisches Auto fährst? Na ja, vom Staat bekommst du noch ein Strafzettel, weil der Staat nicht anders reagieren kann. Ist also noch nicht mal persönlich gemeint, sondern ein Zeichen, daß es hier im Lande eine Verwaltung gibt. Oft vergißt man das ja. Der Staat reagiert auf solche Vorfälle grundsätzlich so, der Staat hat keine andere Wahl, es ist ein bloßer Verwaltungsakt. Ja, und mehr kommt nicht.

was soll das heißen? Mehr kommt nicht?

nein, mehr kommt nicht. Das war es. Du kannst dich zurücklehnen, der Fall ist erledigt. Probiere mal diesen Kaffee ... mit Schlagsahne und einen Keks dazu ... gerade jetzt!

und mein Auto?

das beulen wir aus und spachteln es glatt.

nein, so kann ich nicht fahren ...

> **du kannst es auch verschönern, wenn du willst, aber seine Funktionen erfüllt das Auto auch mit Beulen ... und das ist das Wesentliche.**

ich weiß nicht ... was ist eigentlich für dich ein französisches Auto?

> **ein Auto, das Beulen hat. Also keine großen Blechschäden, sondern Beulen, die man vielleicht vom Einparken bekommt ... es klingelt ...**

Polizei?

> **ach was, die schicken dir den Bescheid per Post und bringen das nicht persönlich vorbei ... dafür haben die gar keine Leute.**

Ruth wischt sich schnell über die Augen und schaut in den Spiegel. Dann greift sie in ihre Haare, sortiert ein paar Strähnen, zieht ihr T-Shirt glatt und geht die Tür öffnen. Ich höre schon Hartmut und Bernd die Treppe hoch stürmen. Irgendeine Frauenstimme ist auch noch dabei. Und dann geht alles noch einmal von vorne los. Ruth erzählt aufgeregt, wie der da einfach weiterfuhr und Bernd weiß gleich einen Rechtsanwalt, der gerade auf solche Fälle spezialisiert ist. Ein richtiger Spezialist. Alles redet durcheinander, das Bild vom Kaffeetisch ist verschwunden und in mir entsteht ein unheimliches Gefühl von Einsamkeit. Schweigend stehe ich auf und gehe. Ich gehe aus der Wohnung raus.

Auf der Straße wackeln mir so merkwürdig die Beine und ich überlege, ob ich nicht damit mal zum Arzt gehen sollte. Der Studentenarzt liegt auf meinem Weg und so setze ich mich dort ins Wartezimmer. Mein Kreislauf ist so niedrig, daß ich Angst habe, er

würde kollabieren. Ab und zu muß ich im Wartezimmer aufstehen und zum Fenster gehen, da ich
sonst das Gefühl habe, ich bin in einem unbekannten
Theaterstück. Dann bin ich an der Reihe. Eine Frau
führt mich in einen Flur und zeigt mir einen kleinen
Hocker.

setzen Sie sich da schon mal hin ...
> **das sieht hier aber gar nicht nach Unter-
> suchungszimmer aus ...**
der Doktor untersucht noch gerade ... dauert noch
einen Moment.
> **hier im Flur?**

da sitze ich nun im Flur auf einem Hocker und warte
genauso wie im Wartezimmer. Hier kann ich nirgendwo rausschauen und deshalb betrachte ich meine
Schuhe noch einmal ganz intensiv. Dann werde ich
ins Untersuchungszimmer geführt. Auch dort muß
ich warten. Ich mag nicht mehr sitzen, deshalb stehe
ich. Dann kommt der Studentenarzt. Nachdem ich ein
paar Fragen beantwortet habe, meint der Arzt, ich sei
so verspannt und drückt mir irgendwo auf den Brust-
kasten. Ich werde sofort ohnmächtig.
Dann liege ich auf dem Boden mit den Beinen auf
einem Hocker. Eine Sprechstundenhilfe lächelt mir
zu und nach einer Weile kann ich mich wieder auf
den Hocker setzen. Ich trinke etwas von dem bereitgestellten Wasser. Dann erscheint wieder der Arzt. Er
schreibt mir etwas auf und entläßt mich. Die Sprechstundenhilfe gibt mir einen Zettel zu einem erneuten
Termin, an dem ich nüchtern erscheinen soll.
Auf der Straße geht es mir genauso schlecht wie vor
dem Arztbesuch und deshalb suche ich eine Apothe-

ke auf. Für mein Rezept bekomme ich eine kleine Schachtel.

für Sie?

> **ja ... das ist mein Rezept ... dort steht auch mein Name ... dieser Name bin ich ... das bin ich.**

Sie müssen sich genau an die Dosierung halten, ja?

> **ja, das mache ich ... ich weiß auch keine andere ...**

wenn Sie eine Tablette mal vergessen haben, dann nehmen Sie beim nächsten Mal auf keinen Fall zwei, immer nur eine, ja?

> **ja, das mache ich ...**

In meiner Wohnung angekommen, lege ich mich gleich auf mein Bett. Einen kurzen Augenblick lang bebt in mir Panik hoch und mit wackelnden Beinen gehe ich in die Küche, um von den neuen Tabletten eine zu nehmen. Ich fühle mich irgendwie nicht dazugehörig und von allen Bezügen losgelöst, aber seltsamerweise habe ich keinerlei Aggressionen. Vermutlich ist mein Kreislauf dafür nicht in Schwung genug.

Mit langen Armen arrangiere ich meinen Küchentisch um. Die verschiedenen Gegenstände sortiere ich neu, um ein Gemeinsames entstehen zu lassen. Mir gelingt das immer recht schnell, da ich darin sehr geübt bin. Das Bild meines Küchentisches bringt Ruhe und Klarheit und lange schaue ich es mir an.

Gerade wollte ich mir ein Brot machen, da klingelt es an der Tür. Wie ein Automat drücke ich den Summer. Es ist Ruth, tränenüberströmt.

kann ich bei dir bleiben?

    für immer?

nein, heute ...

    ja, meinetwegen. Hast du deshalb deine Tasche dabei?

ja ... ich habe mir was zum Anziehen mitgenommen.

    ich sitze gerade in der Küche und wollte was essen. Falls du ...

ich mag nichts ...

    dann setz dich nur ... mein Küchentisch ist gerade sehr schön ...

ja? ...

    ja! Wenn du dich zum Beispiel hier auf diesen Platz setzt, dann spürst du es vielleicht ... bleib ganz ruhig hier sitzen ... und wenn du willst, dann schau mal ... ich führe mal deinen Kopf ... laß den mal ganz locker ... nur schauen ...

oh ... das ist ja wunderschön ... nicht aufhören!

Ich bewege noch eine Weile Ruths Kopf und spüre, wie ihre Muskulatur immer weicher wird. Ihr zarter Nacken reizt mich zu einem Knabbern an ihrer Schulter. Dann mache ich mir mein Brot. Nebenbei erzählt mir Ruth, was noch in ihrer Wohnung vorgefallen ist. Sie haben noch einmal den ganzen Unfallhergang besprochen und wollen nun diesen Anwalt einschalten, der das alles noch mal klären soll. Bernd hat schon den entsprechenden Brief aufgesetzt.

willst du den mal lesen?

    nein ...

wieso nicht?

ich weiß keinen Grund für einen Anwalt. Für mich ist nichts Nennenswertes passiert. Ich wüßte nichts, was der Anwalt tun könnte, was sein Auftrag sein könnte.

Bernd hat das aber gut beschrieben ... lies mal ...

Bernd hat bestimmt auch keinen wirklichen Grund gefunden ... daher ist es verwirrend, den Brief zu lesen. Ich würde ihn einfach wegschmeißen ...

was sagst du da?

ja, das ist jedenfalls meine Meinung ...

aber der Andere ...

ja, es gibt immer eine Gegenposition ... und zu der wird es wieder eine geben ... und so fort. Das wird niemals enden und Ewald wird vielleicht dein französisches Auto auch scheußlich finden ... und ein Anderer wiederum gut ... es ist unsere metaphysische Natur, daß wir in diesem Dualismus leben. Solche Briefe sind deshalb nur verwirrend, ich möchte ihn nicht lesen ...

wir sitzen noch eine Weile am Küchentisch. Das Brot, die Tablette oder Ruth tun mir wohl. Mir ist nach Kaffee und deshalb setze ich einen auf. Nebenbei mache ich mir eine zweite Scheibe Brot mit Gomasio. Ich denke, daß es gut wäre, wenn Ruth ebenfalls etwas ißt, deshalb reiche ich ihr die Hälfte vom Brot.

danke ... was ist da drauf?

Gomasio ... schmeckt salzig ...

irgendwie ist es bei dir anders ... als die Drei kamen, habe ich mich noch mal scheußlich aufgeregt und war dann so verzweifelt, daß das ausgerechnet mir passieren mußte ...

ja, das glaube ich ...

bei dir ist es irgendwie viel ruhiger ... und ich finde es auch sehr schön hier ... manche denken, du bist irgendwie so verschroben ... und wirkst manchmal auch ziemlich elitär in deinem Verhalten ... ich finde dich manchmal auch ein bischen stur ... auf der anderen Seite ist es aber auch wunderschön mit dir.

Meinst du wirklich, ich soll den Brief gar nicht abschicken?

wenn du das Geschehen beenden möchtest, dann schmeißt du ihn einfach weg. Und morgen kaufen wir einen Riesentopf mit Spachtel und machen die großen Beulen einfach weg. Und dann ist der ganze Spuk zu ende.

meinst du?

ja, du könntest eigentlich auch jetzt schon ein fröhliches Gesicht machen ... und nicht erst morgen.

ja, stimmt auch wieder ... okay, ich schmeiße ihn weg. Gut so?

mir ist das egal ... du mußt dir selbst die Frage beantworten ... und? ... gut so?

ja ... doch ... ich fühle mich besser. Und du meinst, ich muß mir da keine Schuldgefühle machen?

nee ...

okay ... wenn ich schon mal hier bin, dann koche ich jetzt für dich. Ich bin gerade in guter Stimmung dafür ... dann hast du was für morgen ... soll ich das machen?

für morgen? koche doch für jetzt ...
jetzt hast du doch schon Brot gegessen ... oder?
ja, stimmt ... koche doch was Kleines ...
was Leckeres?
meinetwegen ... aber mir geht es wirklich nicht so sehr um was Leckeres ...
ach ja, stimmt ... komisch, ich vergesse das immer wieder ... Mist! Ich weiß nicht, was ich machen soll. Aber ich vergesse das immer wieder ... ich finde das verrückt. Mir kommen manche Sachen mit dir so fremd vor ... und dann kann ich sie mir einfach nicht merken ...
ja, ist vielleicht auch gar nicht so einfach.
steigst du da eigentlich selber durch? ...
wenn ich ehrlich sein soll, dann nein. Für mich bin ich oft selbst die totale Katastrophe ... dann steige ich da auch nicht mehr durch ... und dann wird es fürchterlich für mich ...
oh Gott, ich hatte die Frage gar nicht so ernsthaft gemeint. Ich bin davon ausgegangen, daß du für dich schon klar siehst ... und jetzt sagst du mir genau das Gegenteil ...
ich hoffe, ich verunsichere dich damit nicht ... meine Erfahrung ist eigentlich so, daß die Leute mir gegenüber schnell ungeduldig und manchmal auch aggressiv werden ... du bist für mich ein wirkliches Wunder ...
was? ... meinst du?
ja, ich überlege oft, warum du so lieb zu mir bist ...
du überlegst das? ... fühlst du das nicht? ...

doch ... das heißt, ich weiß das eigentlich gar nicht so genau ... ich versuche darüber nachzudenken ...

und was stellst du fest?

es gibt eigentlich gar keinen Grund für dich ... daher ist es für mich ein wirkliches Wunder ...

ich mag dich einfach ...

so? ...

ja ... das ist mein Gefühl zu dir ... und jetzt?

was jetzt?

ich habe dir mein Gefühl gesagt ... daß ich dich mag.

ja, stimmt ...

ja, und?

was und?

ist das schön für dich?

ja ... doch ... und was hast du jetzt vor?

jetzt werde ich für dich kochen ... ich möchte irgendwas tun und das Malheur vergessen ... soll ich uns ein paar Brateier machen ...

ich weiß das nicht ...

Ruth lacht auf und schüttelt den Kopf. Sie greift nach dem Abwaschlappen und säubert noch einmal den Esstisch. Dann holt sie eine Rührschüssel heraus.

In meinem Küchenschrank scheint sie nichts zu finden. Auch mein Kühlschrank hat nicht das, was sie vielleicht sucht. Lange steht sie da und überlegt. Manchmal treffen sich unsere Blicke, was ich sehr schön finde. Mir ist dann so, als würde die Konstruktion um mich herum eine Wärme bekommen. Jetzt spüre ich, wie sie zu einer warmen Stille wird, wie ich mehr und mehr an Gewicht verliere und mich irgendwie leichter fühle. In meiner Betrachtung bedroht mich nichts. Mir ist so, als könnte ich Ruth spüren.

was starrst du denn so? Ich mag das nicht.

oh ... ist mir gar nicht aufgefallen ...

Hartmut sagt immer dazu, daß Matthias habe wieder seinen Röntgen-Blick ... ich finde das ganz schrecklich!

nein, ich röntge nicht ... ich schaue einfach ... mehr nicht ...

mich macht das unsicher ... ich kann das nicht zuordnen ...

ich schaue einfach nur ...

für mich sieht das so aus, als ob du ganz weit weg bist ... und mich beurteilst.

ja, ich weiß ... ich schaue dann eben woanders hin ... vielleicht ist es so besser ...

nein, das möchte ich auch nicht ... das ist ja affig, wenn du jetzt absichtlich an die Decke schaust ... aber ich wollte es dir bloß mal sagen, daß dein Starren Andere auch aggressiv machen kann.

ja, danke ...

also, ich weiß überhaupt nicht, was ich hier in deiner Küche kochen soll. Du hast ja gar nichts! Ich habe hier mal rumgeschaut, aber außer Kartoffeln und Gemüse hast du ja nichts!

doch, im Kühlschrank ist auch noch Milch und auch Schmand ... das esse ich dazu ...

ich habe aber zu deinen ewigen Gemüse-Eintöpfen keine Lust ... wie spät ist es denn? Vielleicht sollte ich mal schnell was einkaufen gehen ...

ja, wir könnten dann auch Spachtel mitbringen. Mit zwei Kilo kommen wir schon

weit. Wenn du magst, kannst du dein Auto zum Reparieren gleich hier lassen.

und ich geh zu Fuß?

nein, du nimmst dann Meins ...

ja, gut. Aber trotzdem müßte noch eingekauft werden ... ich weiß bloß noch nicht, was ... eigentlich brauchst du ja alles ... worauf hast du denn Appetit?

was soll ich darauf antworten? Ich denke, du willst für mich kochen ...

ja, das weiß ich! Oh Gott ist das mit dir aber auch kompliziert. Jeder Andere hätte jetzt einfach Pizza gesagt oder würde mit mir in die Mensa gehen. Es ist schon ziemlich schwer mit dir ... stell dich doch nicht so an!

ich habe doch gerade eingekauft ... es ist eigentlich genug da ...

aber nicht zum Kochen!

selbst wenn nur eine einzige Kartoffel da wäre, könntest du doch kochen ... oder nicht?

machst du jetzt Witze?

nein, ganz im Ernst ...

ich soll jetzt eine einzige Kartoffel kochen? Ist das dein Vorschlag?

nein, natürlich nicht ... ich meine das nur theoretisch ... natürlich kannst du auch was anderes kochen. Aber ich würde jetzt gerne für dein Auto Spachtel kaufen ...

jetzt habe ich auch noch vergessen, warum du hierher gekommen bist ...

du meinst also, es ist dir ganz egal, was ich koche? Auch wenn es bloß eine Kartoffel wäre?

ja, ich habe dich jedenfalls so verstanden: du wolltest etwas für mich kochen, du

wolltest in meiner Nähe sein. Aber im Augenblick empfinde ich nur ein Durcheinander! Es ist nur noch Anstrengung! Ich fühle, daß ich nichts mehr verstehe und es fühlt sich wie eine Katastrophe an!

was? ...

es ist eine Katastrophe für mich! Das hörst du doch! Für mich ist das ganz fürchterlich!

was ist denn jetzt schon wieder los? ...

ich muß hier weg!

kann ich irgendwas für dich tun? Nimmst du nicht auch Medikamente? Wo sind denn die?

die stehen da auf dem Schrank. Ich muß in ein anderes Zimmer, ich muß hier raus. Ich muß jetzt unbedingt ins Bett!

da stehen so viele Tabletten, nimmst du davon welche?

laß mich jetzt in Ruhe, laß mich einfach in Ruhe, ich gehe jetzt ins Bett, du kannst meinetwegen noch in der Küche bleiben. Ist mir ganz egal.

schnell laufe ich in mein Zimmer und setze mich auf mein Bett. Die Wärme von meinem Federbettdeck spüre ich sofort. Jedes Geräusch ist irgendwie zu laut. Ich wünsche mir, ganz weit weg zu sein. Mein Kreislauf ist völlig unruhig und Panik-Gefühle ergreifen mich. Mir erscheint eine gewaltige Unordnung. Rhythmisch zähle ich deshalb meine Zehen durch. Nach einiger Zeit wird mir besser.

Innerlich sage ich mir noch einige auswendig gelernte Textstellen auf und versenke mich in deren Betrachtung. Dann weine ich.

Es war draußen schon dunkel geworden als Ruth in mein Zimmer kommt. Sie hat sich ihr schönes blaues Dirndl angezogen. Sie setzt sich ganz still auf den einzigen Stuhl. Ihr Blick ist nach unten. Sie hat ihre beiden Zöpfe neu geflochten, was sehr hübsch aussieht. In der Hand trägt sie eine weiße Tasse. Dann sagt sie leise:

ich möchte bei dir sein ... habe Kakao für mich gekocht ...